新时代●管理新思维

管理者的思维工具

成为好老板的100种方法

[美] 詹姆斯·曼特罗（James Manktelow）
[美] 朱利安·伯金肖（Julian Birkinshaw）　著

王文彬　译

MIND TOOLS FOR MANAGERS

100 WAYS TO BE A BETTER BOSS

清华大学出版社

北京

James Manktelow, Julian Birkinshaw

Mind Tools for Managers: 100 Ways to be a Better Boss

EISBN: 978-1119374473

Copyright © 2018 by James Manktelow, Julian Birkinshaw.

Original language published by John Wiley & Sons, Inc. All Rights Reserved.

本书原版由John Wiley & Sons, Inc.出版。版权所有，盗印必究。

Tsinghua University Press is authorized by John Wiley & Sons, Inc. to publish and distribute exclusively this Simplified Chinese edition. This edition is authorized for sale in the People's Republic of China only (excluding Hong Kong, Macao SAR and Taiwan). Unauthorized export of this edition is a violation of the Copyright Act. No part of this publication may be reproduced or distributed by any means, or stored in a database or retrieval system, without the prior written permission of the publisher.

本中文简体字翻译版由John Wiley & Sons, Inc.授权清华大学出版社独家出版发行。此版本仅限在中华人民共和国境内(不包括中国香港、澳门特别行政区及中国台湾地区)销售。未经授权的本书出口将被视为违反版权法的行为。未经出版者预先书面许可，不得以任何方式复制或发行本书的任何部分。

北京市版权局著作权合同登记号　　图字：01-2018-5175

本书封面贴有Wiley公司防伪标签，无标签者不得销售。

版权所有，侵权必究。举报：010-62782989，beiqinquan@tup.tsinghua.edu.cn。

图书在版编目(CIP)数据

管理者的思维工具：成为好老板的100种方法 /(美) 詹姆斯·曼特罗 (James Manktelow) , (美) 朱利安·伯金肖 (Julian Birkinshaw) 著；王文彬译.—北京：清华大学出版社，2019（2023.2重印）
（新时代·管理新思维）
书名原文：Mind Tools for Managers: 100 Ways to be a Better Boss
ISBN 978-7-302-52832-6

Ⅰ.①管…　Ⅱ.①詹…②朱…③王…　Ⅲ.①企业管理　Ⅳ.①F272

中国版本图书馆CIP数据核字（2019）第 082676 号

责任编辑：刘　洋
封面设计：徐　超
版式设计：方加青
责任校对：王荣静
责任印制：宋　林

出版发行：清华大学出版社
　　　　　网　　　址：http://www.tup.com.cn，http://www.wqbook.com
　　　　　地　　　址：北京清华大学学研大厦 A 座　　　邮　　编：100084
　　　　　社 总 机：010–83470000　　　邮　　购：010-62786544
　　　　　投稿与读者服务：010-62776969，c-service@tup.tsinghua.edu.cn
　　　　　质 量 反 馈：010-62772015，zhiliang@tup.tsinghua.edu.cn
印 装 者：三河市东方印刷有限公司
经　　销：全国新华书店
开　　本：170mm×240mm　　　印　张：15.75　　　字　数：234 千字
版　　次：2019 年 11 月第 1 版　　　印　次：2023 年 2 月第 4 次印刷
定　　价：69.00 元

产品编号：081114-01

内 容 简 介

　　本书汇集了100种最重要的管理和领导技能，这些技能由全球15 000多名管理者和专业人士票选而出，涉及的范围颇为广泛。作者从认识并管理你自己，管理任务并把事情做好，与员工共事并对其进行管理和整体的商业认知4个方面来审视老板的职责，由此将全书分为4部分，共18章，每一章集中描述一组可以付诸实践的特定的技术和工具，并根据需要附以更多学习资源的链接。同时，各章节之间在很多内容上紧密联系、互为补充。通过简明扼要的文字和独具匠心的结构安排，本书为那些有志于全面提升管理技能、实现有效管理的各级管理者提供了必备的工作指南。

谨以此书献给蕾切尔·汤普森·曼特罗（Rachel Thompson Manktelow）和劳拉·伯金肖（Laura Birkinshaw），感谢她们的帮助和支持，以及她们的专业见解。

作 者 简 介

詹姆斯·曼特罗（James Manktelow）是 MindTools.com 的创始人兼首席执行官，MindTools.com 是一家屡获殊荣的在线学习与开发公司，每年帮助数千万人提高他们在管理、领导力和个人效能方面的技能。

詹姆斯的第一份职业是软件开发，在此期间，他担任过开发、业务分析、项目管理和领导等多种角色的工作，最终在 CQ Systems 有限公司董事会任职。1999 年和 2000 年，他在伦敦商学院获得了 MBA 学位。

1996 年，怀着对职场卓越的追求，他创建了一个名为 MindTools.com 的博客，在那里，他分享了自己在职业发展过程中所学到的管理和个人效能方面的技能。到 2003 年，MindTools.com 每年接待的访客数量多达 100 万，为公司今天的蓬勃发展奠定了基础。

目前，Mind Tools 每年的用户人数达到 2 000 多万，遍布 160 个国家，为全世界的个人和企业客户提供高质量的管理、领导力和职业方面的技能培训。

鉴于这一成功，Mind Tools 分别于 2012 年和 2017 年先后两次获得了企业女王奖（Queen's Awards for Enterprise）。该公司还在 2017 年荣获享有盛誉的人力资本投资者金牌标准（Investors in People Gold standard），展现了其对人力的开发和支持的承诺。

在 Mind Tools 工作期间，詹姆斯已经编撰了与管理和领导力相关的文章 1 000 多篇、工作手册 60 多本、纸质书和电子书 7 部，并通过 MindTools.com、多林金德斯利出版公司（Dorling Kindersley），现在又通过约翰威立国际出版公司（John Wiley & Sons）发表或出版。

朱利安·伯金肖（Julian Birkinshaw）是伦敦商学院创新与创业研究所的战略与创业学教授、项目副院长与学术总监。

在 IT 行业短暂的职业生涯之后，朱利安重返学校，在加拿大韦仕敦大学（原西安大略大学）理查德·艾维商学院获得了 MBA 和博士学位。他曾在斯德哥尔摩经济学院短暂工作过一段时间，1999 年转教于伦敦商学院，此后一直在那里工作至今。他是英国人文和社会科学院（British Academy）、社会科学家学会（Academy of Social Scientists）和国际商业学会（Academy of International Business）的成员。

朱利安的研究和咨询服务涉足的领域十分广泛，包括商业策略、企业变革、组织设计、管理和领导力等。迄今为止，他已经有 14 部著作，其中包括《快速前进》（*Fast/Forward*，2017）、《成为更好的老板》（*Becoming a Better Boss*，2013）、《重塑管理》（*Reinventing Management*，2010）、《管理中的巨大步伐》（*Giant Steps in Management*，2007）、《风险投资：为什么大公司要有小思维》（*Inventuring: Why Big Companies Must Think Small*，2003）、《跨国公司中的企业家精神》（*Entrepreneurship in the Global Firm*，2001），并且在《哈佛商业评论》等刊物上发表了 90 多篇文章。在 2015 年全球管理学领域顶尖思想者的 "50 位思想者"（Thinkers 50）榜单中，朱利安排名第 43 位。他的观点经常被国际媒体引用，其中包括 CNN、BBC、《经济学人》《华尔街日报》《赫芬顿邮报》《彭博商业周刊》和《泰晤士报》。

致　谢

　　我们在此要感谢来自 MindTools.com 的亚历克斯·库克（Alex Cook）、查理·斯威夫特（Charlie Swift）、艾米丽·沃森（Emily Watson）、杰夫·德拉蒙德（Geoff Drummond）、杰森·拜尔斯（Jason Byers）、乔·马隆（Jo Malone）、基思·杰克逊（Keith Jackson）、罗兰·道克拉斯（Loran Douglas）、马丁·里维斯（Martin Reeves）、梅兰妮·道丁（Melanie Dowding）、娜塔莉·本菲尔（Natalie Benfell）、娜塔莉·麦克劳德（Natalie Mcleod）、尼克·亚当斯（Nick Adams）、尼克·佩恩（Nick Payne）、奥利·克拉多克（Ollie Craddock）、彼得·朗顿（Peter Longton）、蕾切尔·萨拉曼（Rachel Salaman）、罗西·罗宾森（Rosie Robinson）、塞丽娜·查纳（Serena Chana）、莎伦·厄廷（Sharon Utting）、西蒙·内维特（Simon Nevitt）、史蒂芬·罗切斯特（Stephen Rochester）、蒂姆·阿姆斯特朗（Tim Armstrong）、蒂姆·哈特（Tim Hart）、约兰德·康拉迪（Yolandé Conradie）、佐伊·科尼什（Zoe Cornish），感谢他们对本书各个方面的帮助。

　　同时，也要感谢来自约翰威立国际出版公司（John Wiley & Sons）的简妮·雷（Jeanenne Ray）、海瑟·布罗修斯（Heather Brosius）、丹妮尔·塞尔皮卡（Danielle Serpica）、彼得·诺克斯（Peter Knox）、杰亚拉克什米·厄卡迪尔·特瓦坎迪（Jayalakshmi Erkathil Thevarkandi），感谢他们委托编撰本书并协助本书的出版发行。

　　最后，感谢 15 000 名优秀的管理者和专业人士，是他们向我们分享了如何成为一名更好的老板的宝贵想法。（由于空间所限，在此恕不逐一列出他们的名字，你可以通过 http://mnd.tools/thankyou 在线查看。）

引　言

成为好老板并不容易。

我们中的许多人都是由于突出的个人业绩而第一次被提拔到管理岗位。但是当开始管理他人时，我们就会发现在新的岗位上取得成功所需要的技能与先前工作所需要的技能完全不同。

如果幸运的话，我们会在上岗之前接受几天管理方面的培训。但是对于很多人来说，都是直接开始管理工作。有各种新的工作要加快推进，确保如期完成。有表现欠佳的团队成员需要帮助，还要雇用新人。公司上下有这么多新事务都需要我们去处理，很难知道该从哪里着手。

我们并不是仅仅在首次升职时才需要学习新的技能。随着每一次晋升，工作会变得更加复杂，成功的标准会变得更加微妙，我们也花费越来越多的时间在与人相关的事情上。我们个人的发展和学习能力将成为取得进一步成功的关键。

帮助人们成为更好的老板

遗憾的是，虽然一些人学到了这些新的管理技能，但仍有很多人没有学过。例如，根据盖洛普咨询公司（Gallup）的调查，在 2016 年，美国只有 32% 的员工全身心投入到工作中——这是衡量管理者绩效的一项关键指标。此外，tinypulse.com 所做的一项研究表明，只有 49% 的员工对上司"完全满意"。

这些数据令人不安。没有哪个管理者会在早上去上班时说 "今天我要让我的团队成员生活在地狱里"，但有证据表明，在工作场所中坏老板至少和好老板一样多。为什么会出现这样的分裂现象呢？我们认为有以下 3 个主要因素。

领导的神秘性——我们都被商业和政治领域中带有传奇色彩的领导者深深吸引。有时候我们对他们的野心和成就感到敬畏；有时候我们对他们的自恋感到震惊。但无论我们的反应如何，正是这些领导者屡屡登上新闻头条。这可能会导致我们产生这样一种观点：领导者总是比管理者更重要。显而易见，领导者是那些重整局面并实现变革的人，而管理者则紧随其后，实施所选择的行动方案，并处理好细枝末节。

这是一个有缺陷且危险的观点。有缺陷是因为领导和管理并不是两种截然不同的运作方式；它们更像是拉着同一辆马车的两匹马。领导是产生社会影响的一种过程，而管理则是通过他人去完成工作。对于任何想在商界中取得成功的人来说，这两套能力都是不可或缺的。过于偏重领导力，就意味着人们可能会忽略掉管理中的艰辛不易。

快速解决方案——浏览一下大型书店的书架，你会看到数百本商业类和自助类的书籍。尽管体裁各异，但作者常用的写法是集中于一项重要技能，比如教练式辅导、时间管理或者正念。书名宣称："商业成功的秘诀隐藏于此，你只需做到这一点就能成功。"

这些速成真经并非完全错误——它们关注的技能或者特质一直都很重要。但它们并不是全部的解决方案。要想在职场中实现高效，需要具备广泛的能力，还要有充足的经验做支撑，这样才能知道应在何时使用何种技能和方法。仅仅集中于一种技能的风险在于它会被过度使用和错误应用。当你拥有的唯一工具是锤子时，一切看起来都像是钉子。

知行鸿沟——尽管大量书籍声称能揭开成功的奥秘，但是有效管理的本质其实没有那么神秘。在这里简要概括一下如何让你的员工发挥最大的潜力：给他们提供有价值、有意义的工作，给他们提供找到自己工作方式的空间，在必要的时候给予他们支持，在他们出色地完成工作时给予认可和表扬。直观地看，这些都是合理的建议，有大量理论和实践经验能够证实它们。

然而，即使大多数管理者在面对这样一份清单时都会点头同意，但许多管理者表现出的实际行为却是另一回事：他们经常无法传达明确的信息，他们进行微观管理，他们积压重要的信息，他们不给予反馈或表扬。换句话说，存在着一种知行鸿沟，即在理智上，人们知道自己应该做什么，但由于某种原因，他们在日常工作中却不这么去做。管理是一种稍微有点儿不自然的行为（unnatural act）——它要求我们的行为方式与天生的控制欲和被关注欲背道而驰。同时，管理像许多其他的活动一样——比如打高尔夫球——你不可能仅仅通过看书就能提高水平。你只有为之付出努力并且寻求反馈和建议，才可能成为行家里手。

为什么本书与众不同

那么，如何才能缩小良好管理的言辞与现实之间的差距呢？本书可以帮助你明确成为好老板所需要的关键技能，并为你提供着手实践这些技能的必备信息。

本书以大量的专业知识和证据为基础，我们认为这些专业知识和证据是无与伦比的。两位作者都在管理领域工作了20多年。我们当中的一位作者（詹姆斯）是 MindTools.com 的创始人，该网站是职场人士使用最广泛的在线咨询网站之一。另一位作者（朱利安）是一名杰出的学者和作家，著有《成为更好的老板》《重塑管理》等多部作品。我们都在把自己坚信的理念付诸实践——詹姆斯是 Mind Tools 公司的首席执行官，朱利安是伦敦商学院的副院长。我们一起合作审查和评估了成千上万种工具和技术，并且观察到它们如何在各种各样的情况下发挥作用。

在确定入选本书的技术时，我们不仅依靠自己的经验，还借鉴了来自世界各地 15 000 多名商业人士的观点。他们填写了一项详细的调查，表达了对不同领域中最重要的技术的看法。他们的评级帮助我们遴选出本书所描述的前 100 名工具。附录中详细介绍了我们的研究过程。

那么，本书的关键主题是什么？又有哪些独特的观点呢？

首先，我们有意地对老板采取非英雄的观点。事实上，我们在这里明确使用"老板"一词来避免前面提到的领导者与管理者之争。在我们看来，老板就是让员工向其汇报工作并且试图通过员工完成工作的人。老板不需要超凡的个人魅力，也不必提供宏伟的愿景。相反，老板是一个务实的人，了解自己角色中的机会和制约因素，并想要发挥员工的最大潜能。老板会对自己的工作环境进行深入缜密的思考，并调整自己的风格来适应环境和特定个体的需求。

需要说明的是，我们对史蒂夫·乔布斯（Steve Jobs）和埃隆·马斯克（Elon Musk）这样富有远见的人并没有异议。世界需要这些绝无仅有的天才人物，但把他们当作榜样是危险的。追求这里所描述的非英雄的方式，你会变得更好，因为这种方式不需要你是个天才！

其次，我们避免使用大多数管理书籍青睐的快速解决方案。正如我们所说，好老板要做的事情有很多，所以做出正确的选择需要广度和视角。打个广为人知的比方，我们不是在给你一把锤子，我们是在给你提供整个工具箱——一套"思维工具"。我们想让你能够弄清楚什么时候该使用锤子，什么时候该使用螺丝刀或钉枪。

100种技术可能听起来很多，但问题的关键在于，成为一名优秀的老板绝非易事，需要掌握多种多样的技能。同样值得注意的是，它们自然而然地聚成一组组互补的技术，而本书的结构安排让你能够很容易地浏览这些成组的技术。

最后，我们在全书中强调的是工具，即你可以付诸实践的理念。我们承认支撑这些工具的学术理论，我们也为那些想要了解更多背景概念的读者提供了相关的参考链接，但我们将主要篇幅集中于提供实用建议和操作步骤。当你阅读本书时，会发现有些部分似乎不言而喻，这应该会让你感到欣慰。每个管理者可能或多或少熟悉其中某些技术，而真正的挑战在于熟悉所有的技术，这样才能够在正确的时候使用正确的技术。

本书的结构

老板的职责是复杂的、多方面的。要理解这一点，一种有用的方法是把它看作3个同心圆所包含的3组活动（参见图1）。第一组活动（居中的圆）是管理你自己——包括了解你的个人需求和能力，明智地利用自己的时间，应对工作的挑战及循序渐进地提高自己的技能。

第二组活动是管理你的工作和员工。回想一下，管理是通过他人完成工作，而不是自己做完所有的事情，所以你应该把大部分时间和精力投入到这个圆里的活动中。我们可以把这个圆一分为二。一半是以任务为中心的，包括高效完成工作，解决问题，制定决策，培养创造力和创新力；另一半是以关系为中心的，包括了解什么能够激励员工，让他们发挥最大的潜能，有效沟通，雇用和培养员工，建立强有力的团队，处理管理困境。很显然，大多数情况既有任务部分，又有关系部分，所以你要学会融会贯通，熟练运用这两部分所包含的各种技术。

第三组活动是管理你所处的更广阔的背景。这涉及培养情境认知——了解你工作的组织和组织运行所处的竞争性商业环境。然后，你需要弄清楚如何在那种背景下有效地工作，使用诚实的策略在组织中脱颖而出，实现变革，并与外部利益相关者，尤其是客户有效地合作。

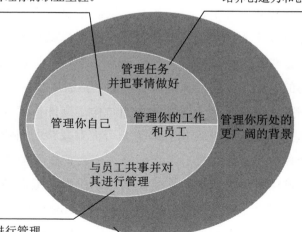

图1 你作为老板的职责

贯穿的主题

尽管这些圆圈各自针对不同的对象（你自己、你的直属团队、组织内外的其他人员），但有一些重要的主题贯穿其中。我们在此想强调以下4个主题。

意义——研究表明，意义或者目的是职场中关键的内在激励因素之一。换句话说，如果你想做好一项工作，并且希望周围的人也做好这项工作，你就要首先明确做这项工作的根本原因。举个例子，最好的制药公司不只是"制造药物"——更是治疗疾病，让人们身体健康。

本书的许多技术中贯穿着对意义的探寻——比如，更好地认识你自己，对职业生涯进行长期管理，以专注的方式完成工作，理解和激励员工及实现组织变革。

透明——传统官僚机构的病态之一是"知识就是力量"综合征。老板拥有获取信息的特权，这有助于其保持对那些经常被蒙在鼓里的下级员工的控制。

在当今的商业世界中，向一线员工隐瞒信息已不再可能或不再可取了。提高透明度有助于人们做出更好的决策，还可以减少困扰着大公司的办公室政治。本书的许多技术都是关于更开放地沟通，鼓励人们更自由地相互交谈，以及在公司的高层和底层之间达成更多的一致性。

简洁——大公司倾向于构建复杂的结构，有许多汇报关系和大量形式化的程序。从理论上讲，这些结构有助于公司应对复杂的商业挑战。但在实践中，它们经常会使公司运行缓慢、反应迟钝，还会使得管理工作冗长而重复。

因此，贯穿本书的主题之一就是简洁的价值。最有效的老板会给员工简洁明了的指导方针，然后他们就会离开。最好的结构往往是毫无阻碍的结构——例如，敏捷方法和把组织的使命转化为简单的目标。

视角——最后，或许也是最重要的好老板的特征是能够从不同的角度看待事情。如果你能够通过员工的眼睛看世界，做一些有助于他们从工作中获得最大收益的事情，你就已经踏上通往成功的道路。如果你有能力理解你的老板、客户和其他利益相关者如何看待事情，你就有潜力成为一名优秀的老板。这是一个十分奇妙的小悖论：你越是注重帮助别人成功——帮助他们把工作做到最好——你自己就越能真正地获得成功。

归根结底，成功没有捷径。本书提供了你需要的全部工具，但你要准备好为之付出努力。因此，请尝试其中的一些方法，之后留出时间去反思自己的行为，找一个中立的朋友或同事来交流你的想法，并且让他们对你的表现给予反馈。然后，重复这一过程——因为熟能生巧。这是成为一名优秀老板的真正秘诀。

祝你阅读愉快！

目　录

第 *1* 部分　认识并管理你自己

第 1 章　认识你自己

第 2 章　规划并管理你的时间

第 2 部分 管理任务并把事情做好

第6章 有效地解决问题

第7章 制定明智的决策

第8章 培养创造力和创新力

第 3 部分 与员工共事并对其进行管理

第9章 理解并激励员工

第 14 章　　有效处理管理的困境

第 *4* 部分　　整体的商业认知

第 15 章　　培养情境认知

第 16 章　　在更广泛的组织中脱颖而出

第 17 章　在组织中实现变革

第 18 章　有效地与客户和外部利益相关者合作

第 *1* 部分 ——————————————————

认识并管理你自己

第1章
认识你自己

所谓领导力，就是影响他人的能力，而领导者就是吸引他人追随自己的人。因此，如果你想成为一名更有效的领导者，首先应该站在员工的角度思考问题。你凭什么值得他人追随？他们为什么想让你来领导？

一些领导者通过描绘和传达一种鼓舞人心的愿景，在工作中给人们带来一种目标感，从而实现其领导力。如果你能做到这一点是非常好的，但事实上，许多领导者并不是大胆的、有超凡魅力的远见者。回想一下你曾为之工作过的领导们，虽然其中不乏这样的远见者，但是有不少领导者可能就是那种做事情不声不响、讲究效率的人。

有效的领导者都有一种更为普遍的特征，即他们都很真诚：他们把人情味带入工作中，能够发挥出自身的优势，还非常具有自知之明。反过来说，我们都能认出矫揉造作的老板——他们试图模仿在商业杂志上看到的那种富有传奇色彩的、魅力无限的领导者。这样的老板十分令人生厌，因为他们不仅看起来虚伪，还变化莫测、难以捉摸，致使我们的工作难上加难。我们更期待的是一位通情达理的老板，他或她在面临艰难决策时也会苦苦挣扎，也并不总是表现得十全十美。

真诚性的概念对于我们目前理解有效的商业领导力来说尤为重要。它为本书提供了一个很好的出发点，因为它提醒我们，尽管做一名好老板归根结底是理解他人并促使他人把工作做到最好，但这种能力是以对我们自身的深入了解为基础的。简单地说，好老板具有较高的自我认知水平，所以他们能够反思并发挥自己的个人技能，随着时间的推移，这些技能会使他们更加卓有成效。

本章描述的 7 种方法将帮助你更好地认识自己，更有自知之明，并且成为真诚的领导者。我们首先描述一个广为人知的框架，帮助你了解你的职场性格（第 1 节），然后提出两种技术来评估你的个人优势（第 2 节）和设定目标（第 3 节）。接下来，我们描述提高自信（第 4 节）和自我认知（第 5 节）的一些方法。最后，我们提出促进自我发展的两种技术——认知重建的概念（第 6 节）和成长型思维的概念（第 7 节）。

1. 了解你自己的性格并进行相应的管理（大五人格模型）

你是否曾经在不适合自己性格的岗位上工作过？你是否曾经管理过那些付出巨大努力但工作心态不正确的员工？对于所有相关者来说，这可能是一种令人沮丧的、低绩效的状况。这就是了解你自己的性格，进而形成相应的管理方法如此重要的原因。

要想避免上述情况发生，有一种方法是了解和使用大五人格模型（big five personality model），也就是研究人员所称的大五人格五维度。

开放性（Openness）——你对新知识和新经验的渴求，对艺术与美的欣赏，还有你的创造力。

尽责性（Conscientiousness）——你对事情有多关心，工作有多努力。这与很多因素相关，比如勤奋、自律、胜任、尽职、条理，还有你的责任感。

外倾性（Extraversion）——你有多么善于交际。在社交场合，你是否热情洋溢、爱交朋友？你在人群中是否感到充满活力？你是否发现与陌生人的社交活动令自己精疲力竭？

宜人性（Agreeableness）——你对他人的友好和友善程度。这包括很多因素，比如同情、利他、信任、礼貌、谦逊及坦率。

情绪稳定性（Neuroticism）——你的情绪的波动程度和你对情绪的控制程度。它也涉及很多因素，比如敌意、冲动、焦虑、自我意识及压抑。

大五模型的有用之处在于其具有可操作性，并且有很多相关的在线测试供你使用——通过下面的第二个链接就可以做个测试。那么，测试结果应该如何运用呢？

如果你发现你的尽责性差一些，就要采取坚定的行动——如果你不做出改变，你的职业生涯不会有太大的发展，因为人们无法相信你会完成工作。

同样，低水平的宜人性和高水平的情绪稳定性会使你在工作中心绪不宁，尤其是在高压的工作环境中。你可以学习一些策略来应对这些情况（参见第4节）。

内向人士经常能够对各种情况进行深度思考并做出冷静的反应，但是在21世纪，许多工作场所都偏爱一种更迅速的、团队导向的、外向型的做事方式。内向人士要适应这一状况，或者找到更适合自己工作方式的情境和角色。

最后，在工作场所多一些开放性通常是件好事。在某些情况下，低水平的开放性也可能是有益的，比如在我们让人们遵守规则的时候。然而，如果你在这一维度得分过低，很可能需要去尝试新的经历和思考方式。

在做完测试后，思考一下你从中了解到了什么，并制订合适的计划对此进行处理。

了解更多关于大五人格模型与不利得分的应对策略的内容：http : //mnd. tools/1-1

进行在线大五人格测试（免费）：http : //mnd.tools/1-2

资料来源：改编自 Judge et al.2013。经 American Psychological Association 许可转载。

2. 了解并更好地利用你的个人优势（个人 SWOT 分析）

如果我们充分发挥自身的才能，了解并克服自身的弱点，就很有可能取得人生的成功。SWOT 分析是一种着眼于团队优势（strengths）、劣势（weaknesses）、机会（opportunities）和威胁（threats）的常用工具（第 85 节）。它在个人层面上同样非常有效。

要使用这一工具，首先要分析你的**优势**。你拥有哪些别人没有的技能、资格证书或人脉？你比较擅长做什么？你能获取哪些别人无法获取的资源？你最引以为傲的成就是什么？你的哪些优势促成了这些成就？在其他人，特别是你的老板和同事们看来，你的强项是什么？

小贴士

如果你正在努力确定自己的优势，可以考虑使用在线优势识别器（StrengthsFinder）和 VIA 性格优势（VIA character strengths）进行评估。你可以通过下一页的链接获取它们。

接下来，分析**劣势**。你不容易做好的任务是什么？其原因是什么？你周围人认为你的劣势是什么？他们可能认为你在哪些方面有待培养和训练？你有哪些不好的工作习惯？这些习惯暴露出哪些劣势？在过去的绩效评价中，强调哪些需要改进的方面？你认为阻碍你工作取得完全成功的内在因素是什么？

然后，探索**机会**。对各种让你感到兴奋的市场新兴趋势及自己能够解决的客户投诉进行头脑风暴。识别出你的优势所带来的种种机遇。

最后，分析你面临的**威胁**。什么有可能破坏你的工作或者引起工作中的问题？你的工作或技术正在以令人不安的方式发生变化吗？你的劣势会造成威胁吗？

至此，你可能会在上述每个方面都列出冗长的清单，致使分析没有重点、难以运用。因此，你要对这些清单进行优先级排序，再对它们进行压缩，以便在清单上显示出前 3 ～ 5 个优势、劣势、机会和威胁——这些是你应该关注的重点。接下来我们看看如何将这些事情付诸行动。

了解更多关于个人 SWOT 分析的内容，包括 SWOT 分析模板：http://mnd.tools/2-1

进行优势识别器评估（收费）：http://mnd.tools/2-2

进行 VIA 性格优势评估（免费）：http://mnd.tools/2-3

---

3. 设定清晰的个人目标，表现出强烈的方向感（个人目标设定）

正如你需要了解自己的性格、优势和劣势，对于未来生活之路通往何处和想要达到什么样的目标有一个清晰的认识也是很重要的。

个人目标设定是一种流行且经过充分验证的方法，用来思考你的理想未来和制订使之成为现实的计划。商人、运动员和高成就者都可以运用这一方法使自己具备专注力和动力，以取得最高水平的成功。

设定个人目标仅仅需要花费几个小时。然而，它们是你生命中最有价值的几个小时！

首先，想一想在未来的 10 年时间里你想要做什么，然后写下你所梦想的理想未来是什么样的。想一想个人意义、职业、家庭和运动成就这些明显的方面，还有教育、人际关系、个人财务、个人享受等其他方面。最终，你会列出一长串的清单，从中选择 3 ～ 5 个最令你感到兴奋并且最适合你的性格和优势的梦想。

现在把这些梦想变为硬目标（hard goals）。将它们写成具体的目标陈述。这时 SMART 原则可以派上用场：你的目标应该是具体（specific）、可衡量（measurable）、可实现（achievable）、相关联（relevant）并且有时限（time-bound）的。它们也应该是可延伸的——虽然会遭遇困难，但是能够达到——并且具有情感吸引力。重新审视这些目标，然后决定是否需要进一步确定优先次序，以便你实现那些最重要的目标。

接下来，将这些 10 年的目标分解成短期的子目标——5 年的目标、1 年的目标、1 个月的目标——你要在向着目标前进的过程中逐一实现这些子目标。这需要强大的自律能力，但是你一旦这么做了，将会对目标保持更大的专注力。

最后，将你的目标加入行动计划中（参见第 10 节）。行动计划为你提供了框架，让你每一天都朝着目标努力，直到把它们变成现实。

了解更多关于个人目标设定的内容，包括获取结构化的目标设定方案：http://mnd.tools/3-1

了解更多关于 SMART 目标设定的内容：http://mnd.tools/3-2

---

4. 建立你的自信

正如我们希望我们所依赖的人保持专注一样，我们也希望他们能够充满自信。谁愿意让紧张的外科医生做手术，让看起来焦虑的飞行员驾驶飞机，或者由怀疑自己判断力的慌乱的老板进行管理呢？然而，作为管理者，我们如何以一种有效的方式来培养和树立这种自信呢？

关于增强自信有两个关键的概念：自我效能感和自尊心。自我效能感与某种具体的工作相关，而自信恰恰来自于出色地完成工作。自尊心是一个更普遍的概念，体现在能够应付生活中发生的事情以及拥有获得成功和快乐的权利。如果我们拥有良好的自我效能感和自尊心，在面对艰难险阻时往往就会表现得积极主动并且能够坚持到底。

我们看待自己能力的方式，是自我效能感和自尊心的主要决定因素。我们可以用积极的自言自语给自己打气，去听那些奉承者所说的话，但这可能会使我们变得过于自信，结果落得一败涂地。另一种情况是，我们过于贬低自己，去听反对者和批评者所说的话，致使我们远离了机会，发挥不出自己的潜能。

那么，如何在这两个极端之间找到一个合适的平衡点呢？研究表明，对自己的能力略微过于自信是有好处的，因为这能让你应对挑战并从中学习。以下这些实用的步骤可供遵循。

■ 了解你自己的性格并做出可以充分利用你的优势的计划，如第1节和第2节所述。

■ 为未来设定明确的目标，如第3节所述。这会给予你强烈的方向感，并突显出你想要培养自我效能的方面。

■ 反思你到目前为止的教育经历和工作经历，列出你在这些方面的成功和成就。

■ 现在，列出实现你的目标所需要的知识、技能和人脉。

■ 设定小的、循序渐进的目标，以逐步实现你的长期目标。专注于实现这些目标，并反思你在这个过程中所培养的技能。

■ 然后，渐渐地承担更具有挑战性的任务或活动。如果你在某件事上失败了，那就把它当作一次学习的经历吧。花点儿时间去思考你的失败原因，调整你的路线或者再试一次。

■ 当你感到自信的时候，要树立更远大的目标，去尝试更艰巨的挑战。并将你所学到的技能扩展运用到相关的领域。

如果你做到了这些，还不断地反思你所取得的成就，就会发现你的自信正在强有力地增长着。没有必要自夸——你能够对自己的现状和所做的事情充满信心，而这就是你所需要的一切。

小贴士

　　有时人们努力工作，取得了令人难以置信的成就，但是仍然不觉得自己值得被认可。如果你有这样的情况，可以通过下一页的链接阅读我们关于冒充者综合征（impostor syndrome）的文章。

了解更多关于建立自信的内容：http://mnd.tools/4-1

学习如何克服冒充者综合征：http://mnd.tools/4-2

---

5. 了解你的行为如何影响他人（撰写自我发展日志）

　　除了自信外，自我认知也是管理者身上最被人们所看重的东西之一。有自知之明的管理者善于从他人的角度看待事物——他们理解自己的行为如何影响周围的人，他们还可以调整自己的行为方式，使自己成为卓有成效和广受好评的管理者。

　　尽管人们的自我认知（self-awareness）水平存在差异，但是每个人都可以在这个重要的方面有所提高，而最有效的方法就是写日志（journaling）。

　　写日志包括定期记录你的想法、感受和经历。许多人使用笔记簿，但是其他形式——视频日志、音频日志或智能手机应用程序——也都是有效的记录方式。

　　写日志听起来像是大量的工作，似乎是另一项要列入超级繁忙的日程表中的任务。然而，它并不需要花费太多时间，而且还能提高你的自我认知，进而促进职业发展和个人成长的最有效的方法之一。

　　从记录小事开始，也许就是在下班回家的路上只花10分钟的时间来反思你的一天。记录下发生的事情，关注你与他人的交往，以及你本来可以做些什么让他们更加成功。你可以向自己提出一些问题，比如：

（1）自从你上次写日志以来，你都学到了什么？

（2）发生了哪些困难或痛苦的事情？你本来可以怎样更好地处理它们？

（3）你在实现目标方面取得了什么进展？你怎样才能取得更大的进步？

（4）在你的一天中发生的 3～5 件好事是什么？（以积极的态度结尾是很重要的：如果你很难想出积极的事情，那就细数你的幸福，时刻提醒自己你爱的人或者生活中美好的事物。）

小贴士

当你写日志的时候，注意不要沉溺于消极的情绪——那样可能会令你感到沮丧并且失去动力。相反，要积极地思考，从与人交往中学习。

在最初的几周里，你将会从写日志中收获良多。但慢慢地你可能发现自己得到的收益正在减少，那就在需要的时候再继续写日志。当你在工作中经历种种变化或困难时，或者当你没能如想象的那样迅速实现个人目标时，你可能会重新回到写日志这件事情上。

了解更多关于为了职业发展而写日志的内容：http://mnd.tools/5

---

6. 积极思考，管理消极思想（认知重建）

你能回想起老板带着坏心情来上班的情形吗？也许有些问题令他忧心忡忡、彻夜难眠，或者他刚刚经历了糟糕的通勤。只见他面带冷漠或愤怒的表情走了进来，或许还呵斥着别人，于是他的不快和焦躁在整个团队中扩散开来，导致了团队绩效降低。

作为管理者，我们不仅要拥有适度的自信，还要了解并管理对团队成员所投射的情绪。从我们早上一进门的那一刻开始直到下班离开时，人们都会解读我们的语言表达和肢体语言。为了让我们的团队变得快乐和高效，我们要投射出积极的情绪。不仅如此，从我们自身的利益考虑，也要在工作中保持积极向上的心态。

那么，我们如何才能积极思考和表现呢，即使是在遭遇不顺的时候？首先，在进入办公室之前的几分钟里，要强迫自己微笑。由于我们大脑的"连接"方式，这种做法会真的帮助你放松下来并且让你感觉更好。（试一下，很管用。）

然而，我们也需要理解并转变支撑我们消极情绪的消极思想。认知重建（cognitive restructuring）为此提供了一套周详的做法。它源于更广泛的认知疗法领域，具体步骤如下所述。

（1）**让自己冷静**。先深呼吸让自己放松下来，再处理你当前正在经历的苦恼。

（2）**描述情况**。简要地写下使你感到苦恼的情况。

（3）**写下该情况引发的情绪**。例如，焦虑、悲伤、生气或者尴尬。

（4）当你感觉到这种情绪时，**写下**出现在脑海里的**自动性思想**（automatic thoughts）。这些思想可能是"他不尊重我"或者"也许我并不擅长做这份工作"。

（5）**写下支持这些自动性思想的证据**。这可能令人不安，但也许你会发现其实并没有太多的证据支持它们。（写下证据能帮助你厘清思路，采取更加客观的方法解决之后的问题。）

（6）接下来，寻找并**写下反驳**这些自动性思想**的证据**，再对所发生的情况做出其他解释。如果你竭尽全力，会很容易找到它们。

（7）现在，**写下你认为的真实情况和你要采取的行动**。根据你的结论，你可能需要采取行动——例如，向某人道歉，在苦苦挣扎的领域寻求辅导或者给予适当的反馈让人们改变自己的行为。

（8）最后，**对你的情绪进行反思**。现在你对这一情况有何看法？你很可能感到好多了。

虽然上述过程看起来很复杂，但是你可以迅速完成这一过程，并且获得一种应对消极思想的实用方法。

小贴士

我们已经强调过，领导者需要真诚——这对于了解并忠于你的性格、优势和价值观是很重要的。但是，这并不是说把你的情绪完全投射给别人。你要为团队的士气负责，而管理好自己的情绪是你有效领导员工必备情商的核心部分。

了解更多关于认知重建的内容：http://mnd.tools/6-1

了解更多关于情商的其他方面的内容：http://mnd.tools/6-2

资料来源：改编自 Greenberger and Padesky 2016。经 Christine A. Padesky 许可转载。

7. 采取自我发展的思维模式（德韦克的僵固型思维模式与成长型思维模式）

自我认知的培养与理解人们如何成长和发展密切相关。这里介绍一个由斯坦福大学心理学家卡罗尔·德韦克（Carol Dweck）提出的僵化型思维模式（fixed mindsets）和成长型思维模式（growth mindsets）的重要概念。

拥有僵化型思维模式的人凭直觉认为自己的智力、天赋和能力都是固定的，不会随着时间的推移而改变。他们担心有些事会超出自己的能力范围，他们担心被"发觉"、被超越（也许是被技艺高超的下属超越），他们可能宁愿避免做困难或新奇的任务，也不愿去冒险，承受失败的耻辱。

相比之下，拥有成长型思维的人认为，人的潜能是未知的。他们现在的智力和能力水平是未来的智力和能力水平的出发点，当他们在努力工作、接受困难而有趣的挑战时尤为如此。失败并不是什么大不了的事：挫折只是一种对多学习、多尝试的激励。

显然，拥有成长型思维模式要比僵化型思维模式好得多，前者更有可能会给你的团队带来一系列积极的成果。然而，当你诚实地自省时，你可能会很惊讶地发现，你拥有的僵化型思维模式要比成长型思维模式多得多。如何才能改变这种状况？德韦克提出如下步骤。

（1）**聆听自我**。当你考虑承担新项目时，脑海中出现了什么？你是否在质疑自己具有做项目的技能或天赋，或者担心你若失败，人们可能会看不起你？如果是这样，你可以通过我们在第6节中提到的认知重建的方法来理性地质疑这些看法。

（2）**认识到你能进行选择**。每个人生活中都会面临很多的挑战和挫折，而如何应对它们会产生巨大的差异。强迫你自己从中识别出机会，选择一条不同于通常所走的路径。

（3）**挑战僵化型思维模式**。当你发现自己以僵化型思维模式想问题时，记住你能够学会实现目标所需要的技能。例如，如果你正面临挑战，你会想，"我认为我不够聪明，做不了这件事"，然后对这种想法进行质疑，"我不确定能够一下子做成，但是通过练习和决心，我能够学会"。

（4）**采取行动**。当你努力培养成长型思维模式时，就会更容易以一种更积极的方式处理障碍。你可以把它想象成练习吉他：练习吉他需要时间，没有人第一次就能弹得很完美。在你犯错误的时候，应把它视为学习和成长的机会。

那么，如何才能为团队做到这一点呢？你要确保营造了一种开放、充满信任的环境，在这种环境中，人们可以自由自在地表达出他们的顾虑和疑虑。对僵化型思维模式和成长型思维模式进行讨论；即便没有取得成功，也要对努力工作和坚持不懈的做法提出表扬。（德韦克的建议是努力比成功更值得表扬；然而，在商业中二者缺一不可。）

小贴士

　　总的来说，提倡成长型思维模式，把短暂的失利当作一次"学习经历"是一件好事。但是，在高风险的情况中，规避风险的思维模式往往是更合适的。例如，当人们的健康或安全受到威胁，需要遵守法规或者急需一大笔钱的时候。在这些情况下，要以审慎细致的方式运用这个理念。

　　了解更多关于德韦克提出的思维模式的内容：http://mnd.toools/7

资料来源：改编自 Dweck 2007。经 Pearson Education 许可转载。

认识你自己的其他技术

　　我们在此强调的工具都是我们调查的参与者所评定的同类技术中最重要的技术。你可以在 http://mnd.tools/c1c 上查看其他 5 种没有入选本章的好工具。

第 2 章

规划并管理你的时间

现在来思考一个简单而又重要问题：在你上班的时候，最稀缺的资源是什么？

大多数人会脱口而出：是时间！诚然，时间对于每个人来说都是一种稀缺的资源，我们大多数人都认为自己缺少足够的时间。但事实上，这是一个错误的答案。回想一下职场上的那些与你关系密切的同事。他们大多数人每天有着相差无几的工作时间，但是有些人比其他人更加高产。而造成这些差异的原因不仅仅是专业技能的问题——最聪明或最有能力的人不一定是最高效的那个人。

那么，最稀缺的资源究竟是什么呢？答案是你的注意力——在正确的时间专注于正确事情的能力。在某种程度上，这一直都是事实，但是注意力现在正在变得越发重要。在当今这样一个信息泛滥、搜寻信息的成本几乎为零的世界，我们需要比以往更加重视注意力和专注力。

简言之，最高产、最高效的管理者是那些能够充分了解并有效管理自己注意力的人。他们有着充分的自我认知，懂得自己何时在利用时间，何时在浪费时间，而且他们也有良好的自律能力，能够将自己的注意力转向最有价值的方面。

在本章中，我们将描述一系列的技术和工具，帮助你管理工作中的个人时间。首先是活动日志（第 8 节），即跟踪记录你的时间都花在什么事情上，这样有助于更好地认识你自己。其次，我们描述如何根据完成任务所需要的努力程度和所造成的影响来有效地对任务进行优先级排序（第 9 节）。然后，我们描述两种帮助你监控并跟踪工作的技术——行动计划（第 10 节）是将主要任务与具体行动完美结合的一种好方法；而任务安排（第 11 节）的作用在于提前数天和数周进行规划，从而为最重要的工作留出时间。

最后，我们对职场高效的心理层面有所涉及。首先，分析"心流"的概念，即人们工作做到最好时所表现出的状态（第 12 节），然后我们从发生时间和如何应对两方面着手解决拖延症的问题（第 13 节）。

8. 通过排除无益活动以获得更多的工作时间（活动日志）

在之前的章节中，我们提到设定个人目标和职业目标能使自己具备专注力，对实现成功起到重要的作用（第 3 节）。那么，在那些对你的工作目标或个人成功毫无用处的事情上，你花费了多少时间？

记忆力并不可靠，因为我们往往会对所从事的更具价值的活动留有更深刻的印象，而忘记花在低价值活动上的时间。这正是活动日志（activity logs）的用途所在。

要想记活动日志，可以使用下一页的链接下载我们的模板，或者新建一个带有日期、时间、活动描述、持续时间、目标贡献（0 ～ 10）、自我感受（0 ～ 10）等标题的电子表格。

无须改变你的工作方式，只需记录你做的所有事情。每当你开始新的活动时，无论是编辑文档、回复邮件、浏览网上新闻、使用即时通信工具交谈、冲一杯咖啡，还是与同事聊天，把这一切都记录下来。记下每项活动所花费的时间，根据它们对你实现目标的贡献大小进行打分，并对你当时感受的专注度和机警度进行打分。

　　当然，这是一项辛苦细致的工作。有一种方法能够激励你坚持到底，那就是与你的一名同事或老板达成一致，告诉他们你要去做这件事，并与他们分享你的成果。

　　经过几周后，回顾一下你的活动日志，你会惊奇地发现原来你在一些无益于实现目标的事情上花费了那么多时间！你也许还会发现你在一天当中什么时候敏锐高效，什么时候感到枯燥疲惫。

　　当你获得了这些数据之后，你可以采取以下行动。

　　（1）把一些无益于实现目标的活动排除、委派给别人或将它们自动化处理。要无情地对待你的电子邮件和即时通信。很抱歉，工作时请把新闻网站和社交媒体统统关掉！

　　（2）改变你的工作模式，以便在你最机警的时候去做最重要的活动。把更多常规性的、低价值的工作留到精力最不济的时候去做。

　　（3）避免同时完成多项任务，尽可能减少两个任务间的转换时间。同时处理多个任务是低效的，它会降低你的工作质量。集中回复电子邮件也是一种好的做法，比如每天固定花一小时，而不是整天断断续续地回复。

　　（4）在做重要工作同时，也要留意那些容易完成的、低价值的任务的处理模式。拖延症是职场杀手——我们将在第 13 节讨论如何应对它。

　　学会做这些简单的事情，你会在你的时间和生活中取得巨大的成就。如果你现在压力重重，那么写活动日志是解决问题的第一步！

小贴士

　　不要把非正式的社交活动完全排除在你的日常工作之外——在工作中保持良好的人际关系也是很重要的。你只需要在赶超他人的时间里保持专注就可以了。

　　了解更多关于记活动日志的内容，并下载我们的模板：http://mnd.tools/8

9. 为你自己和团队有效地对任务进行优先级排序（行动优先矩阵）

当你已经把无益的活动从你的日常工作中排除后，接下来就要把所有精力集中到那些对你和团队产生最大影响的活动中去。这是优先级排序（prioritization）的艺术，也是学会在工作中实现高效的最重要的技能之一。有许多种优先级排序的方式，你所要做的就是用你的判断力从这些方式中做出选择。这些排序方式基于以下内容。

- 由你的老板或组织为你设定的目标和关键成果（第27节）。这从宏观上解决了你的工作与组织目标保持一致的问题。
- 你的职业与个人目标（第3节）。是的，你需要完成组织要求你执行的任务，但是也应该对那些有助于你实现职业和个人目标的行动进行优先级排序。（我们将在第10节讨论如何做到这一点。）
- 帮助他人打开成功之门的工作。有时候，你只需做少量工作就会让他人取得更加重要的成果。
- 你正关注的项目存在的潜在价值和可盈利性。这有助于你实现商业影响力的最大化。

帮助你从项目中做出选择的最有用的方法之一就是运用行动优先矩阵（action priority matrix），它是一种被广泛应用了几十年的优先级排序方法。你需要在图 2.1 的坐标方格上标绘出你正在考虑的每一个项目。

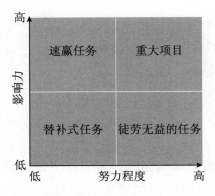

图2.1　行动优先矩阵

横坐标表示完成一项任务所需要的努力程度，纵坐标表示它的潜在影响力，比如可盈利性。这个坐标方格分为以下这些象限。

替补式任务（Fill-ins）：这些任务做起来既快速又容易；当你完成这些任务时，你会感受到一阵温暖的满足，但它们并不能带来多少收益。有些任务可以快速、轻松地完成，有些任务则应该委派出去或者弃之不理。

徒劳无益的任务（Thankless Tasks）：这些是较大的项目，它们耗费大量的时间，却只产生极少的收益。不妨把其中某些任务取消或重新定位，其他的任务委派下属去完成比较合适。

速赢任务（Quick Wins）：这些是很棒的项目，你只需付出相对少的努力就能获得很高的收益。优先处理这些任务通常是明智的。

重大项目（Major Projects）：就优先级而言，这些项目是最具有挑战性的任务，因为这样的一个重大项目可以把许多速赢任务排挤出去。你要以谨慎严格的方式对待这类项目，在执行这类项目的同时，也要兼顾速赢任务。

小贴士

评估努力程度相对容易，但影响力的确定往往带有高度的主观性。在这里，你可以大胆地猜想。同时，不要过分纠结行动优先矩阵上边界线的位置。把某个任务归类为速赢任务还是徒劳无益的任务，在影响力和努力程度上可能只有非常细微的差异。在这方面，良好的判断力是非常重要的！

了解更多关于优先级排序的内容：http://mnd.tools/9-1

了解更多关于行动优先矩阵的内容，并下载我们的模板：http://mnd.tools/9-2

10. 用结构化的方法对多个任务进行跟踪和优先级排序（行动计划）

作为管理者，我们通常都会有大量的日常事务要处理。除此之外，我们还有自己所追求的职业和个人目标（第 3 节），同时也有组织要求我们所要达到的目标（第 27 节）。

懂得如何进行优先级排序固然很好，可是我们如何才能用一种连贯的方式将许多任务集合起来而不被淹没在大量的事务中呢？（在工作量很小的时候，待办事项清单确实能够发挥一定的作用，但它们往往过于冗长而不实用。）

这恰恰就是行动计划（action programs）发挥作用的地方。从本质上说，行动计划是由两部分组成的待办事项清单：一是项目目录，二是下一步行动清单。

要想制订行动计划，你需要在计算机上创建一个电子表格或文字文档，也可以使用像 Nozbe、Remember the Milk 这样的应用程序。

首先要从项目目录开始着手。这是一个包含所有待办事项的详细目录，用以确保你不会漏掉其中的任何事项。它可能会长达数页，上面列着所有你要做的事情——需要执行的常规行动、想要达到的个人及职业目标（它们应该被视为高优先级项目）、已经设定的目标和关键成果，以及需要完成的一次性任务。

接下来，对相关项目进行分组并整理清单，以确保它们只在其中出现一次。删除那些低价值的活动和徒劳无益的任务。[你也可以在这里对项目进行优先级排列（第 9 节）。]

彻底完成这项工作需要几个小时，不过好在你只要做 1 次就行。然后，你将清楚地了解你需要或想要做的所有事情，并且可以在现有的基础上不断增补。更好的是，这项工作使你不必担心自己会遗漏或忘记某些重要的事情，你将永远摆脱那种焦虑和恐慌的感觉。

现在开始创建你的下一步行动清单。这个清单一般不会超过 1 页，位于项目目录的前面。它和传统的待办事项清单的作用一样，其主要内容是接下来的几天你要为完成项目目录中最重要的事项而采取的具体行动。

为了创建这个清单，你需要浏览项目目录，确定最高优先级项目（务必让这些项目与目标相关的行动以及紧急的常规任务结合起来），列出 10 ～ 20 个合乎逻辑的下一步行动，使这些项目得以顺利推进。

完成这些项目以后，行动计划现在就成了你的个人控制中心。先集中精力完成下一步行动清单上的任务，再返回项目目录，将下一组的具体任务提取出来。如果你有很强的自律能力，每次提取的任务组合都比较合理，那么不久你就会发现，你已经朝着目标迈出稳健而有序的步伐了。

小贴士

行动计划的功能非常强大，你可以用它们去做更多的事情，包括一些你已经委派出去的任务。要想了解更多关于行动计划的内容，包括浏览样例，请使用下面的链接。

了解更多关于行动计划的内容：http://mnd.tools/10

11. 有效地安排你的时间

行动计划能够帮助你准确地找出最重要的任务，但是在超级忙碌的工作周中，如何才能抽出时间来做这些事呢？

这就是有效安排时间的关键所在。你必须对自己在规定的时间内到底能够完成多少任务抱有诚实的态度，这样你就可以为需要或想要做的事情留出时间，也可以拒绝那些低优先级活动（"抱歉，我 27 号之前的日程表排得满满的"）。

设定一个固定的时间来计划你的日程表——例如，在每个周末提前将下周的工作规划好。具体可按照以下步骤进行操作。

（1）确定你想要投入工作的时间，并把你忙碌的那段时间锁定起来，这样就没有人在那段时间进行预约了。（如果你充满雄心壮志，可以选择加班，但是加班应有所节制，这样才能给你生命中其他重要的事情留出时间。）

（2）将你行动计划（参见第 10 节）中的高优先级任务纳入计划中。把你一天中思维最敏锐最机警的时间安排给这些任务（参见第 8 节）。

（3）添加有效工作必不可少的行动。例如，如果你是管理者，就需要为小组会议和一对一会议安排时间。

（4）为紧急突发任务加入意外时间（contingency time）。例如，处理客户问题，这样的事情每个工作日都有可能出现。你对处理这些事情需要多少时间要有一个预估——一定要实事求是，否则，你就几乎每天都得加班加点了。

（5）你的日程表中留下的空间（如果有的话）是你的"自由支配时间"——你可以用来做行动计划上的其他任务。

当你进行到第五个步骤时，你的日程表可能已经安排得满满当当甚至是超负荷的。这时候，你需要对它进行重新梳理，把那些不太重要的活动删掉。

这免不了要做出困难的选择，你可能还得告诉人们，直到他们提出要求后，你才能交付项目。然而，有了一份精心计划的日程表，就表明你正在有效地管理时间，并且正在尽自己最大的努力按时交付这些项目。

一份精心计划的日程表也为你与他人协商合理的工作交付日期提供了重要的基础，有助于树立起可靠的声誉。

需要说明的是，这种时间安排方式需要执行者认真仔细，并且具有较高的自律能力。你也许会发现，与同事协作共同安排时间裨益颇多，这会帮助你坚持履行你要做出改变的承诺。

了解更多关于时间安排的内容，包括学习如何利用时间做更多的事情：http://mnd.tools/11

---

12. 保持专注：管理分心，提升心流状态

我们已经就如何做出自我安排以充分利用时间进行了探讨。现在，让我们看看如何把工作做得更好，先从制造心流（flow）说起。心流是一种全神贯注的心理状态，在这种状态下，人们能够将工作做到最好。

当你将所有的意识思维集中到你手头的事情上时，心流便产生了。尽管心流作为一种精神状态早已存在，但是首次对它进行详细描述的是心理学家米哈里·契克森米哈（Mihaly Csikszentmihalyi），他说心流是"为某项活动本身而完全投入其中。在此期间，自我消失了，时间在飞逝。每个行为、动作和想法都如行云流水一般发生、发展，就像演奏爵士乐一样。你全身心地参与其中，正在将你的技能发挥到极致"。

那么，如何才能达到心流的状态呢？

在某种程度上，这与做我们所关心和喜欢的工作密切相关，这类工作具有挑战性，但也不是远远超出我们的能力范围。如果你学会了运用第1章里介绍的工具，你将很有希望进入心流状态。

同时，这也与管理压力有关，只有学会管理压力，才能将我们置身于"甜区"（sweet spot），从而有足够的动力去做好一项工作，但又不至于承受太多压力而令我们慌乱不已（关于这一点，我们将在第17节继续讨论）。

然而，我们同样也需要管理分心和干扰，以帮助我们有效地集中注意力。以下几点会对我们有所帮助。

- 将自己的工作区域安排在安静的地方，可以考虑戴上耳机，这样人们就知道他们不应该分散你的注意力。（你可以放点儿"白噪声"或音乐好将自己与周围的喧嚣扰攘隔离开来。）

- 关掉你的手机和社交媒体，关闭电子邮件提醒、即时通信及其他通知类程序。

- 积极思考。运用在第6节介绍的认知重建法抑制让你分心的消极思想。这能够使你进入开放、探求的心态，这种心态是实现创造力所必需的。

- 不要同时执行多项任务。如果总是想在手头的工作之外再做点儿别的事情，你是不可能把整个注意力都投入到一项工作中去的。

- 把一些平常干扰或使你分心的事情记录下来，之后再采取明智的行动将它们减到最少。当然，可能需要几周的时间才能厘清所有打扰你的事情，但在不知不觉间，你就会有时间把工作做到最好而不被外界打扰。

减少分心是一种提升注意力的好方法，但是那并不意味着你总能够达到契克森米哈所描述的涅槃似的心流状态。关于如何塑造职业，使自己能够从事真正有趣而充实的工作这一更为宽泛的问题，我们将在第4章进行探讨。

你可以使用下列链接来了解更多关于如何保持专注和进入心流的内容。

了解更多关于管理分心的内容：http://mnd.tools/12-1

了解如何管理干扰的内容，包括下载我们的干扰因素记录表：http://mnd.tools/12-2

了解更多关于心流状态及如何进入心流状态的内容：http://mnd.tools/12-3

13. 克服拖延症

克服拖延症（procrastination）是另一个提升工作效率的重要因素。我们每个人在一定程度上都存在拖延倾向，但对于 20% ～ 25% 的人们来说，这已经成为一个严重削弱其工作能力的问题。

当人们自发推迟他们明知道自己应该完成的重要工作时，拖延症便产生了。他们明白这么做是非理性的，甚至对此感到焦虑，也知道拖延最终会引发很多问题，但是他们仍然深陷其中，难以自拔。其结果是他们没能按时实现目标，在人们眼中，他们是懒散的、不可靠的，他们的职业前景也因此遭到了破坏。

那么，人们为什么会拖延呢？这与完美主义、自卑及恐惧失败有关——我们在第 1 章和第 3 章对如何应对这些问题进行了讨论。这也可能与不得不做那些我们不确信的、困难的或不令人满意的工作有关。自觉性低和自律能力缺乏也可能会导致拖延的发生。此外，拖延也与"压力之下我会做得更好"这种想法相关。（一项工作确实可能会非常枯燥；然而，如果你把它拖到最后一刻才做，就大大增加了你不能按时完成和让人们大失所望的风险。）

不管何种原因，你都必须要应对并控制拖延症。

首先要辨认出自己是否有拖延倾向。例如，你是否经常觉得自己在做一些低价值的小任务而不是处理那些重大且艰巨的工作？重要的工作是否在待办事项清单和行动计划上停留太长时间，而在这期间你对此什么都没做？你是否经常等待"合适的心情"或"合适的时机"才去处理重要的任务？你是否总是把任务拖到最后一刻，有时甚至还错过最后的期限？（如果还有什么疑虑，可以使用下面的链接，进行"你是拖延者吗？"自测评估。）

如果你发现自己是拖延者，就要弄清楚自己为什么会这样。例如，也许你觉得某些工作枯燥或讨厌，所以在内心深处就试图逃避它们。也许这些任务令你不知所措，所以你选择做一些小而简单的工作来寻求慰藉。也许你没有做好规划，对轻重缓急和最后期限缺少明确的认识。也许你带有完美主义的倾向，总是下意识地认为："因为我没有时间和资源把一项重要的工作做好，所以干脆就不做了。"

不论何种理由，你都必须克服拖延症这种习惯。以下的一些策略可能会对你有所帮助。

- 设定明确的目标（第3节），清楚地了解你需要做的工作（第10节），对任务进行优先级排序（第9节），并计划完成任务的时间（第11节）。这会帮助你了解你手头工作的紧急程度。
- 把大的项目分解成较小的任务，每个小任务时长为1～2小时。从其中任意一个做起，即使从它开始并不一定是最合理的。
- 当你完成一项棘手的任务时，给自己一些小小的奖励，比如喝一杯美食家咖啡或者在春光里快步行走。
- 使用番茄工作法（Pomodoro technique）全力以赴地去完成那些令人不愉快的任务。在每25分钟的"限时冲刺"（timed sprints）中穿插5分钟的休息时间，去做些你喜欢的其他事情。
- 训练自己每天上午先做这一天中最令人不愉快的任务。这样一来，你不仅能在精力最充沛和最自律的时候将它完成，并且在那之后，还会做好其他的任务。
- 计算出你的时间对于你的老板来说意味着多大的成本，以及你的任务对于客户而言又有着怎样的重要性。你应该为产生虚度光阴的想法而感到羞愧，同时不断提醒自己任务延期将会带来怎样的消极后果。
- 让别人检查你所取得的进步。毕竟，你在他们面前不想表现得太糟！

你可以通过下面的链接发现更多应对拖延症的其他原因的策略。拖延症是职场杀手——如果你是一个拖延者，你需要为此做出一些改变！

进行"你是拖延者吗？"自测评估：http://mnd.tools/13-1

了解更多关于番茄工作法的内容：http://mnd.tools/13-2

发现更多应对拖延症的策略：http://mnd.tools/13-3

规划和管理时间的其他技术

还有很多其他好的规划和时间管理技术未能入选我们的调查。你可以在 http://mnd.tools/c2c 上了解更多的相关内容。

第 3 章
应对变化和压力

我们生活在一个瞬息万变的世界里。作为领导者，我们要紧跟新的技术和社会发展趋势，但是当问题和机会突然出现时，我们也要做好准备立即去适应。回想一下拉迪亚德·吉卜林（Rudyard Kipling）那首著名的诗："如果周围的人毫无理性地向你发难，你仍能镇定自若保持冷静……孩子，你成了真正顶天立地之人。"①

如何应对挫折是成为卓有成效的老板的决定性品质之一。然而，在顺境中，哪些人具有这种"必要的品质"，哪些人没有，并不是显而易见的。沃伦·巴菲特（Warren Buffett）曾经说过，只有当退潮时，你才能看见谁在裸泳。他的意思是所有的基金经理都能在牛市中获利，但只有在市场下跌的时候，你才会弄清楚哪些基金经理真正知道自己在做什么，而哪些基金经理并不知道。在管理界也同样如此。大多数老板在公司运营良好时显得很能干，但是当危机或经济低迷来临时，你就会看见哪些老板知道自己在做什么，哪些是在"裸泳"。

---

① 译者注：拉迪亚德·吉卜林（1865—1936），英国小说家，诗人，文中引用的是他写给12岁儿子的励志诗《如果》（*If*），该诗曾被译成多国语言并广为流传，许多人特别是青少年常以此勉励自己，激发前进动力。

与所有重要的属性一样，有些人似乎具有一种先天的能力，能够用正确的方式应对袭来的危机，进而避免问题的发生，周围的人也会感到放心。但事实上，应对变化和压力的能力并不是与生俱来的。它是一种逐渐培养出来的技能，只有那些不辞辛苦地从自己的经历中学习的人才能够成为这方面真正的行家。

因此，本章将介绍如何培养管理逆境所需要的个人品质和技能——如何掌控大局、如何应对顾虑，以及如何为别人设定正确的基调。如果我们必须选择一个词来概括在这个起伏不定的商业世界中生存应该具备的所有品质，那就是韧性——面对逆境时快速反应或恢复的能力。本章首先阐述如何增强个人韧性（第 14 节）。接着，我们描述几种用于分析和排除精神压力（第 15 节），以及用于管理包括愤怒在内的消极情绪（第 16 节）的特定工具。然后，我们考察能够产生最佳绩效的适当压力水平（第 17 节），并且探讨如何克服对成功或失败的恐惧（第 18 节）。最后，我们描述一种能够帮助你从经验中学习的通用工具，即吉布斯反思循环（第 19 节）。

14. 培养个人韧性，在挫折中成长

我们在工作中都经历过艰难的时刻。有时候压力重重，人们变得情绪化，有时候做事情还会出错。

在这些情况下，领导者如何做出反应显得非常重要。如果他们以一种冷静和清晰的方式做出回应，就能够把人们团结起来有效地开展工作，进而"渡过风暴"。如果他们犹豫不决，无法专注，不知所措，整个组织就会做出无效的反应，严重的问题可能会接踵而至。

这就是韧性（resiliency）如此重要的原因。韧性是指在逆境面前能够迅速恢复原状并取得积极结果的能力。这是我们作为领导者需要培养的一种能力，只有这样才能在艰难的时刻给人们提供必要的支持和引导。

个人韧性的来源由几种要素综合而成：清晰的目标、积极的态度、成熟的技能和经验、自信心和周围的人强有力的支持。韧性发自人的内心，但是它可以通过在一种充满信任和团队意识的支持性环境中工作而不断得到增强。

如果你已经掌握了第1章中的技能，那么恭喜你，你已经朝着成为一名有韧性、抵得住压力的老板的方向发展了。为了进一步培养你的韧性，以下步骤供你参考。

（1）理解你工作的意义（第70节），明确你的个人目标（第3节）。这些"锚"能够为你提供在压力下做出良好决策所需要的方向感，并且帮助你培养自信心和自我效能感（第4节）。

（2）培养在压力下妥善处理事情所需要的技能。首先，你要培养与工作或职业相关的强劲的技能，这样才能够在艰难的情况下做出正确的决策，同时培养自我效能感，使你在重压之下能够游刃有余地工作。

其次，你要努力培养社会技能和心理技能，包括积极思考和管理消极思想（第6节）、妥善管理精神压力（第15节）、管理外部压力（第17节）、有效地解决问题（第6章）和提高你的情商（第53节）。这些技能将会帮助你克服职场中常见的压力和干扰。

（3）在家庭和工作中建立一个强大的支持网络。当困难时期来临时，能够向你的伴侣、老板、同事倾诉问题是非常重要的。他们可以给你提供情感上的支持——例如，帮助你客观地看待问题——还能采取实际行动去帮助你渡过难关。（当然，如果你事先没有自己建立起这样的网络，就无法使用它——第16章和第18章将帮助你做到这一点。）

（4）获得充足的睡眠、锻炼和营养以保持健康。锻炼尤为重要，因为它可以帮助你减少精神压力、提高精力水平、增强思考和学习的能力。

最后，记住逆境可以使我们变得更强大。当个人在做某事时遇到了问题，他们也许通过与信任的人交谈，或者通过自我反思（参见第5节），进行一种诚实、谦虚的尝试，从已经发生的事和他们可能犯下的错误中吸取教训，"创伤后的成长"（post-traumatic growth）便由此产生了。这样，人们最终会变得更快乐、更聪明、更成功。

了解更多关于韧性的内容，并下载我们的韧性工作表：http://mnd.tools/14-1

了解更多关于创伤后成长的内容：http://mnd.tools/14-2

15. 分析和管理精神压力源（压力日志）

当我们觉得自身失去控制，各种需求向我们涌来——情感压力、工作负担或复杂的任务——令我们难以招架的时候，就会感受到精神压力。即便是非常坚韧的人也会受到压力的困扰。毫无疑问，精神压力过大是很危险的——它会使我们生病，削弱我们的创造力，还会使我们与别人共事变得困难和不稳定。一旦周围的人撤回他们的合作与支持，则会引起更大的精神压力，致使事情变得更加糟糕。

那么，如果你正在经受精神压力，该如何应对它呢？首先要了解它从何而来，写压力日志（stress diary）就是一种了解压力源的好方法。

压力日志是生活中压力事件的记录，记录要保留一小段时间——也许是一两周。你可以在事件发生时进行记录，或者在智能手机上设置计时器，比如每两小时提醒一次，以便你能够记录前两个小时内发生的压力事件。（你可以使用下一页的链接，下载压力日志模板。）

在你的压力日志中，应该记录以下内容。

- 压力事件发生的日期和时间。
- 对压力事件的简洁描述。
- 你经历的压力有多强烈，它给你带来了什么感受。
- 你认为这个压力事件是由什么造成的。

当你收集了几周的数据之后，你可以对其进行分析，将最常见的压力源和最令人讨厌的事件标注出来。你应该首先对它们进行处理。参见下面的链接，了解如何管理你已经识别的不同的压力类型——你要针对不同的情况使用不同的方法。

特别强调

　　精神压力会引起严重的健康问题，在极端情况下，甚至会导致死亡。如果你对自己健康欠佳的迹象有所担心，或者精神压力正让你感到明显或持续的不愉快，就要向具有资质的专业健康人士寻求一些建议。

了解更多关于何为精神压力及如何管理压力的内容：http://mnd.tools/15-1

了解更多关于压力日记的内容，并下载我们的模板：http://mnd.tools/15-2

获取 80 多种工具，帮助你管理生活中的精神压力：http://mnd.tools/15-3

16. 管理工作中的消极情绪（愤怒管理的 STOP 法）

　　当情况失控时，我们会倍感压力，同时也会变得愤怒。愤怒是一种原始、自然的反应，当我们认为自己或对我们重要的人受到威胁时，我们都会产生这种反应。

　　在生死关头，愤怒是很有用的——它为我们的身体采取快速有力的行动做好准备，这能够让我们存活下来。然而，在工作场所，愤怒会破坏成功所必需的各种关系，而且是一种愚蠢和失控的表现。愤怒还阻碍我们建立良好的团队：谁愿意和大吵大嚷还无法控制自己脾气的人——特别是老板——共事呢？

那么，当我们感到受到威胁、产生挫败感及经历或目睹非正义事情的时候，该如何控制愤怒这种本能的反应呢？管理愤怒的 STOP 法是一种有用的方法。STOP 分别表示停止（stop）、思考（think）、客观（be objective）和计划（plan）。

（1）**停止**——反思那些引起你愤怒的诱因——那些人和事，注意愤怒的警示信号，也许是呼吸变得急促，浑身肌肉紧绷，心跳开始加速，或者嗓音越来越大。[如果你正在写日志（第 5 节），可以把这些事情记在里面，这有助于你对正在发生的事形成一个清晰的认识。]

对即将出现的愤怒信号要保持警觉。当你发现自己开始表现出这些信号时，就要对自己说"不"。然后坐下来，做 10 次深呼吸，放松你的身体。（你可以通过下面的链接学到一些有用的放松技巧。）

（2）**思考**——使用与第 6 节提到的认知重建工具相类似的方法，对导致你愤怒的想法进行反思。将整个情况和你正在体验的"炽热的念头"（hot thoughts）记录下来。然后，理性地审视你是否真的受到了威胁，你的愤怒是否有道理。例如，如果是因为个人的想法受到质疑而气愤，那么你的想法是否经得起公正与平衡的审查呢？

（3）**客观**——你要对情况有一个清晰、冷静的看法。要确定到底发生了什么：是否存在需要解决的问题，如果存在，是什么问题？

（4）**计划**——如果真有问题，你就要制订计划去解决它。本书第 6 章和第 14 章会帮助你极为有效地做到这一点，包括向你提供一些应对棘手的交谈的技巧。

了解更多关于愤怒管理的内容，并下载我们的愤怒管理工作表：http：//mnd. tools/16-1

学习一些有用的放松技巧：http：//mnd.tools/16-2

资料来源：改编自 Nay 2014。经 Guiford Press 许可转载。

17. 管理外在压力对工作绩效的影响（倒 U 模型）

我们已经看到，为了有效地完成工作，需要培养韧性和管理精神压力水平。同时，我们也需要管理自己所经受的外在压力，这样就可以在"甜区"里工作。"甜区"当中有足够的压力激励我们做好工作，但不会有过多的压力使我们失去专注力。

有研究表明外在压力和工作绩效之间呈倒 U 形（inverted-U-shaped）关系（参见图 3.1），这一观点已经帮助运动员、商人和许多领域中的高成就者取得出色的业绩。

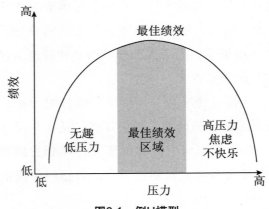

图3.1 倒U模型

资料来源：Corbett 2015。经 Emerald Publishing Ltd. 许可转载。

图中所示的概念简单明了。图的左边区域是一个绩效不佳的区域——在这个区域里，人们感受不到工作压力，也难以激励自己。图的右边区域是绩效不佳的另一个区域——人们负担过重、焦虑不安、被令人讨厌的杂念淹没，以致无法专注。介于两者之间的是"甜区"——在那里，人们能够进入我们在第 12 节提到的心流状态——一种愉快而高效率的状态，没有什么能让他们分心，他们的注意力完全集中在手头上的工作，时间在飞逝。

当你着手重要的事情时，为了进入这个最佳绩效的区域，你可以对正在经受的外在压力进行管理。如果压力很小，你可以提醒自己这项任务很重要，并设置一些挑战来激起自己的兴趣和成就感。如果压力太大，你可以做深呼吸使自己冷静下来，运用放松技巧，应对消极思想（参见第6节），以及把情境置于现实背景中进行考量——很少有情况真的像你在压力下看起来那样有灾难性，"新的一天"总会到来。

你不仅可以为自己做这些事情，也可以为你的团队成员做这些事情。试着去评估他们的压力水平，寻找方法对其进行适当调整——例如，缩短或延长完成任务的最后期限。

小贴士

在这里不要把外部压力和精神压力混为一谈——精神压力让人感到失控，是有害的。绝对不能有意识地提高精神压力水平——它可能损害人们的健康，也会损害人们对你的看法。

了解更多关于倒U模型的内容：http://mnd.tools/17-1

了解更多关于心流的内容：http://mnd.tools/17-2

---

18. 克服对失败或成功的恐惧

具有韧性、管理外在压力和精神压力及控制愤怒，这些都是成为有效的管理者显而易见需要掌握的技能。除此之外，许多回复我们调查的人还强调了不易察觉的技能：克服对失败和成功的恐惧。

有些人虽然有能力完成具有挑战性的事情，但是却望而却步，这是因为他们宁愿选择不去尝试，也不愿承担失败的风险，对失败的恐惧就在于此。

那些惧怕失败的人做事情不会竭尽全力，他们的生活通常也远远没有原本那般充实。这种情况多见于那些孩童时期因为失败而遭到严厉惩罚、获得成功却很少得到鼓励的人们。

对成功的恐惧有所不同，有些人不能有效发挥潜力，常常是因为他们担心如果从人群中脱颖而出的话，那些对他们来说很重要的人可能拒绝接纳他们，这样一来，便产生了对成功的恐惧。这在那些怀疑自己或认为朋友比成就更重要的人们当中十分常见。

当你反思自己的职业生涯时，对失败或成功的恐惧是否阻碍了你取得重大成就？如果是这样，你能做些什么呢？

首先，对产生这些恐惧的情况进行反思，把它们写下来，然后记录你对每种情况的想法和担忧。使用认知重建（第6节）来质疑这些想法。

当你用一种平衡的方式重新审视这些情况时，你的一些顾虑将经不起理性的审查，它们将会逐渐消失。但真正的问题和风险也有可能突显出来，那样的话，你就要冷静、审慎地处理这些问题和风险。制订适当的计划来处理这些问题——也许你需要学习新的技能或建立新的关系，以推动你前进。

在克服对失败的恐惧时，通常只需要问问自己：如果你失败了，最坏的结果会是什么？通常情况下，结果并不是一场真正的大灾难。当你采取"组合方法"（portfolio approach）处理任务和项目时，失败的风险就会减小。你可能在尝试前几件事情时没有成功，但是只要你不断地接受新项目并且尽自己最大能力去做，有些就会成功，而你就可以不断地以这些项目为基础取得更大的成功。

在克服对成功的恐惧时，应当说的确存在成功之后遭到周围人拒绝的可能性。然而，问一问自己是否真应该与这些人相处。如果与支持你成功、鼓励你、帮助你的人们相处岂不是更好？

发现更多处理对失败的恐惧的方法，并下载我们的失败恐惧工作表：http://mnd.tools/18-1

发现更多克服对成功的恐惧的方法，并下载我们的成功恐惧工作表：http://mnd.tools/18-2

19. 从你的经验中系统地学习
（吉布斯反思循环）

至此，我们在本章中讨论了一些具体的问题——韧性、精神压力、愤怒、外在压力及对成功和失败的恐惧。然而，如何应对工作中的那些更广泛的情绪问题和情况呢？

学会如何理解这些情况是非常有益的，吉布斯反思循环在这方面对我们有所帮助。它不仅有助于我们找到棘手的情绪问题的根源，还有助于我们从一般经验中学习。这是我们都宣称要做的事情，但很少有人像理想中那样有效和系统地做这件事。

格雷厄姆·吉布斯（Graham Gibbs）教授在他的著作《通过行动学习》（*Learning by Doing*）中提出了反思循环。它特别有助于人们从他们的日常经历中学习，尤其是当他们进展不顺利的时候。它鼓励人们系统地分析这些情况，最大限度地提高他们的学习收益。这一循环如图 3.2 所示。

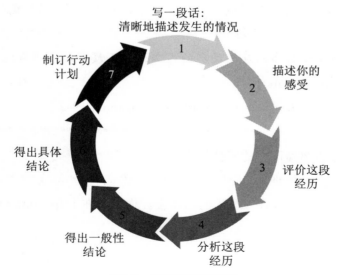

图3.2　吉布斯反思循环

资料来源：Gibbs 1988。经 Oxford Brookes University 许可转载。

要想使用这个循环，先从你要进行反思的情况开始，然后遵循以下步骤（使用下面的链接，下载一个工作表，它将帮助你完成此操作）。

（1）**写一段话，清晰地描述发生的情况。** 在这一阶段不要做任何判断——只是清晰而真实地进行描述。

（2）**描述你的感受。** 写下你在这种情况下感受到的所有情绪，并将它们落在纸面上。同样也不要在这一阶段去分析和解释它们。

（3）**评价这段经历。** 运用你的直觉，写下你对这一经历好与坏的评判。什么进展顺利？什么进展不顺利？你和其他人对此发挥了什么作用？

（4）**分析这段经历。** 现在，从情绪的角度转换到分析的心态，思考在这种情况下到底发生了什么。[五问法（the five whys）在这里会有所帮助——参见下面的链接，了解更多的相关内容。]

（5）**得出一般性结论。** 反思之前的步骤，开始思考哪些事情可以做得更好，可以用更积极的方式去做。

（6）**得出具体结论。** 然后，仔细探究你需要做些什么来改善工作方式，提高技能，或者使处境变得更好。

（7）**制订行动计划。** 最后，把你的结论转化为将要采取的具体行动，并把它们添加到你的待办事项清单或行动计划中（参见第 10 节）。

了解更多关于吉布斯反思循环的内容，并下载有助于实施这些步骤的工作表：http://mnd.tools/19-1

探索更多关于五问法的内容：http://mnd.tools/19-2

应对变化和精神压力的其他技术

有一个特别重要的工具——避免非适应性完美主义（maladaptive perfectionism）——没有入选我们的调查。你可以在 http://mnd.tools/c3c 上查看更多的相关内容。

第 4 章
职业生涯的长期管理

在当今社会，我们所做的工作和所从事的职业对于个体的身份认同至关重要。当你在鸡尾酒会上被引见给某个人时，对方通常会问："你是做什么工作的？"可见，他们想了解的是你的工作，而不是你的家庭生活或爱好。

然而，将工作视为自我身份认同的关键部分仅仅是在过去的 200 年里才变成常规。在 19 世纪及以前，人们把工作当成一种生存的方式，主要从事像农业或制造业这类枯燥的活动。不需要工作并且有时间进行休闲娱乐活动是极少数富人的特权。

渐渐地，随着社会变得越来越富裕，技术进步使许多基本的工作都实现了自动化，工作和职业的种类大幅增加。如今，工作已然成为自我身份认同的中心，这意味着我们要极力确保正在做的是有意义的工作。在马斯洛（Maslow）著名的需求层次理论（hierarchy of needs）中，最高层次的需求是自我实现，而对于发达国家中拥有稳定工作的人们来说，这种追求自我实现或内在激励（intrinsically motivating）的工作观念是实现自我身份认同的一个强大驱动力。

因此，在本章中，我们将介绍一系列工具和技术，来帮助你从现在的工作中获得更加愉悦的体验，同时让你用一种自我实现的方式来塑造未来的工作和长期的职业生涯。

首先，我们讨论身份转变过程（第20节），以帮助你朝着一个能给你带来更大满足感的方向转换职业——特别是当你处于职业中期的时候。其次，我们描述3种工具，帮助你在任何职业阶段都能对职业选择进行评估和塑造。这3个工具分别是：找到能带给你意义、快乐并让你充分发挥优势的角色（第21节）；塑造目前的工作，使之与你的优势与抱负更相称（第22节）；了解并增强能够让你在工作中茁壮成长的属性（第23节）。

再次，我们讨论关于工作与生活平衡的更广泛的问题（第24节）。最后，我们来看一看经常阻止人们实现其志向的几大"职业脱轨因素"（第25节）。

尽管我们完全支持每个人都应该努力从工作中获得最大收益这个观点，但是将工作与自我身份认同相联系的不足之处在于我们经常给自己设定不合理的高期望。有些人好像有一种人生的"天职"——一种可以将他们的技能和动机完美契合的职业——但这是很少见的。对于大多数人来说，寻找有趣和愉快的工作是一种挑战，更是一种永不停歇的追求。这就突显出本章所描述的技术的重要性，它们可以帮助你定期回顾你所做的工作的本质，以及你应该做出的未来职业选择。

20. 找到真正适合你的职业（伊瓦拉的身份转变过程）

虽然少数人幸运地拥有一个明确的天职，但是我们大部分人在进入职场的时候不知道朝什么方向前进。一旦做出最初的选择，我们发现很难后退或者重新评估我们的选择。其最终结果是很多人做的工作并不适合他们。于是，他们以一种平庸的方式完成工作，无法从工作中获得满足感。

如果你还没有开始工作，听取职业建议和运用适当的心理测量测试

（psychometric tests）去识别你天生倾向于做哪种工作是很重要的。如果你处在职业早期，常常很容易思考出你的兴趣所在，并沿着已经确定的发展路径，就可以很自然地进入下一个职业阶段。

不过，问题是人们经常达到这样一个职业阶段：已经获得成功，在某个特定领域已经具备了强大的技能、资格和经验，还领着丰厚的薪水。尽管如此，他们仍感觉自己就像"镀金笼子中的鸟"——被困在好的环境中，却丝毫未感到充实。跳槽到另一个完全不同的职业很是诱人，但是我们可能很快就会发现新的职业并不比自己所抛弃的那个更适合我们。

在这方面，埃米尼亚·伊瓦拉（Herminia Ibarra）提出的身份转变过程（identity transition process）可以派上用场。伊瓦拉认为我们的工作身份并不是固定的——它们由很多我们可能做的事，很多我们可能认识和交往的不同的人，以及我们对自己讲述的关于"我是谁"的故事组成。因此，如果我们对自己的职业方向上的某个地方不满意，应该花时间对各种新工作、新的人际网络进行小规模的尝试，直到我们发现什么是真正适合我们的。只有那时我们才应该转行到那个职业。

要想运用身份转变过程（见图 4.1），首先问问"我可能成为什么样的人？"，并以此对各种有趣的可能性进行头脑风暴。

在这些可能的选项中，做出最令人激动的选择，然后创造实验机会，小规模地尝试各种新工作和职业角色，看看它们是否适合你。确定谁是这种工作的把关人，找到出色的工作榜样，确定支持这种工作的专业关系网和同行关系网。与这些人交谈，了解这种工作的日常真实情况及你在此工作中取得成功所需的资格和技能。了解了这些新情况之后，想一想你给自己讲述的关于自己的故事，反思一下它们有没有改变。

花费时间尝试这些新的工作类型，并且"在这些身份之间徘徊"。继续尝试这些新的身份，体验它们的优点和缺点，感受它们中的哪一个最适合你。

然后，思考一下你对自己有了怎样的认识。以你所获得的认识为基础，在这时可能要重新开始这一循环，考虑和探索其他可能性。

只有当你发现一个真正适合你的职业时，你才可以放弃现在的角色，转入新的职业。

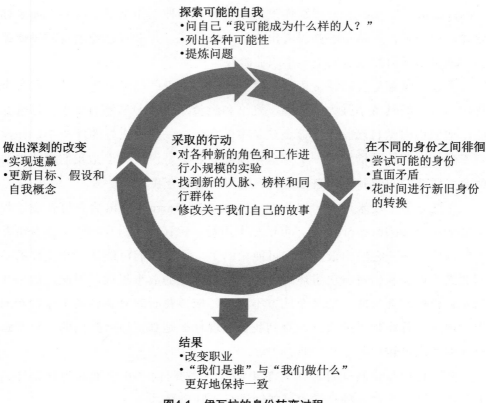

探索可能的自我
•问自己"我可能成为什么样的人？"
•列出各种可能性
•提炼问题

做出深刻的改变
•实现速赢
•更新目标、假设和
自我概念

采取的行动
•对各种新的角色和工作进
行小规模的实验
•找到新的人脉、榜样和同
行群体
•修改关于我们自己的故事

在不同的身份之间徘徊
•尝试可能的身份
•直面矛盾
•花时间进行新旧身份
的转换

结果
•改变职业
•"我们是谁"与"我们做什么"
更好地保持一致

图4.1 伊瓦拉的身份转变过程

资料来源：Ibarra 2003。经 Harvard Business Publishing 许可转载。

小贴士

　　记住，如果你转行进入一个与你以前的技能、经验和人脉关系完全不相关的行业，你将与刚刚毕业的职场新人展开竞争。你和他们的薪金级别可能差不多。要努力让你的新角色与你以前的工作经历尽可能地接近——那样，你可以保持以前的薪资水平。

了解更多关于身份转变过程的内容：http://mnd.tools/20

21. 找到能带给你意义、快乐并让你充分发挥优势的角色（MPS法）

一旦你找到了合适的职业，就要去寻找一个基于你的才能并让你充分发挥优势的特定角色。为此，一种有用的方法是运用由哈佛大学教授泰勒·本—沙哈尔博士（Dr.Tal Ben-Shahar）提出的 MPS 法。MPS 分别代表 3 个重要的问题：①什么赋予我意义（meaning）？②什么给予我快乐（pleasure）？③什么让我发挥出优势（strengths）？

为了探明意义，你可以先探索你的职场价值观——你所认为的对做好工作很重要的工作方法（通过下面的链接可以了解更多的相关内容）。问问自己什么样的角色和活动与这些价值观最为匹配。然后，反思你做过的让你感觉最有意义的事情。将它们列成清单，并确定其中的共同因素。

探索快乐很容易。只需要列出你喜欢的事情——爱好、兴趣及任何能够给你带来快乐与满足的事物，再一次确定它们的共同因素。对于优势，我们曾把它作为个人 SWOT 分析的一部分做过介绍（第 2 节）。

接下来，找出你所列出的 3 份清单中的重合部分，确定你觉得有意义、感到愉快并且让你发挥优势的那些工作。如果你能轻松找到一些重合之处，那真是好极了！然而，如果难以找到 3 份清单的重合部分，那就探寻其中两份清单的重合部分。

最后，想一想如何使自己的职业朝着从事这些类型的工作的方向发展。接下来，我们将看看如何通过工作形塑来做到这一点。

了解更多关于探索你的价值观的内容：http://mnd.tools/21-1

了解更多关于 MPS 法的内容：http://mnd.tools/21-2

22. 塑造你的角色以适应你的优势与抱负（工作形塑）

工作形塑（job crafting）包括对你的工作方式进行一些细微改变，从而使你的工作与你的优势相匹配，并向你提供想要的情感回报与人脉。

这听起来很难。我们有要实现的目标，还有周围人对我们的期望——这些都限制了我们做出改变的自由。尽管如此，你通常可以努力做些事情对你的工作进行调整或"形塑"，这样你仍然能够实现所有的目标，但是你实现目标的方式可以带给你更大的意义与内在满足。艾米·瑞斯尼斯基（Amy Wrzesniewski）和简·达顿（Jane Dutton）首先提出工作形塑的概念，他们认为你可以通过以下方法做到工作形塑。

（1）**稍微改变你的工作方式**——你的职位描述会列出你需要做的工作，而你需要把这些工作都做好。但是具体的工作方式往往有更改的余地。如果你在工作中主动发挥自己的个人才能，你常常能够将工作质量和影响力提升到一个新高度。

（2）**改变你承担的工作量**——如果你喜欢某方面的工作，你可能会尽量增加这方面的工作量，比如去帮助同事。如果你在不喜欢的方面负担过重，你可以同老板协商，让你少承担一些任务或给予你额外的帮助。

（3）**增加人际交往或改变你的交往对象**——瑞斯尼斯基和达顿以医院清洁工为例，医院清洁工既可以低着头，在不与其他人交谈的情况下工作，也可以选择积极地帮助其他人，主动适应病房的常规工作。后一种工作方式对病房的成功运转提供了更多帮助，也使他们从工作中得到更大的收获。

（4）**改变你对工作的看法**——如果医院清洁工认为他们的工作"仅仅是清洁"，那他们可能会偷工减料，敷衍了事。但如果他们将自己的工作看作帮助患者康复的重要部分，他们便获得了工作的真正意义，将会更彻底、更细致地进行工作。

这些改变都非常微小，却能给你的工作满意度和你的职业成功带来巨大的影响。此外，你通常不需要获得许可就能做出这些改变——你只需要一如既往地工作，并做出改变即可。

了解更多关于工作形塑的内容，包括如何进行工作形塑：http://mnd.tools/22

23. 在工作中茁壮成长（GREAT DREAM 模型）

我们已经讨论了如何进入并塑造适合你的角色。在职场中蓬勃发展的最后一步是找到方法来丰富你的日常工作。GREAT DREAM 模型在这方面对你有所帮助。该模型由凡妮莎·金（Vanessa King）在她的著作《通向幸福生活的十要素》（*Ten Keys to Happier Living*）中提出，GREAT DREAM 分别代表着帮助人们在日常生活及工作中找到快乐的十大关键因素。

（1）给予（Giving）——无论是称赞工作出色的同事，还是为你的团队买曲奇饼干，抑或向苦苦挣扎的人伸出援手，善待他人也能使我们爱上工作。这在某种程度上是切实有效的——我们的关系得到了改善，别人也因此对我们亲切周到。而我们确实也乐于给予——行慷慨之事会在大脑中释放出让人感觉良好的神经递质，从而让我们感到更快乐、压力更小。

（2）关联（Relating）——我们在很大程度上是通过我们所认识和交往的人来自我定义的，牢固的人际关系对于工作中的快乐感和幸福感至关重要。我们将在第 63 节探讨如何在工作中建立良好的关系。

（3）锻炼（Exercising）——众所周知，为了健康，我们需要锻炼。定期锻炼可以帮助我们更好地应对压力，并促进神经可塑性——帮助我们在变老的过程中保持大脑的健康、适应性与敏锐性。下面的链接将帮助你找到在忙碌的日程表中加入锻炼的方法。

（4）觉察（Awareness）——在这里的语境中，觉察指的是正念

（mindfulness），我们将在第50节讨论正念聆听时涉及这方面的内容。正念能够帮助你更强烈地体验生活，同时你还能更好地管理精神压力。你同样可以通过下面的链接了解更多的相关内容。

（5）**尝试（Trying out）**——这一点与保持好奇心、创造性及尝试新事物有关。我们每个人都热爱学习和成长，在工作中我们也要确保有大量可以学习和成长的机会。

（6）**方向（Direction）**——我们在第3节中看到个人目标的重要性。方向来自拥有明确的目标，而目标要以一种开放、乐观的心态去追求。

（7）**韧性（Resiliency）**——快乐工作的一个关键部分是韧性（第14节）——能够迅速有效地从我们难免遭遇的挫折中恢复过来，而不是沉湎于失败的阴影中。

（8）**情绪（Emotions）**——正如我们所见，情绪在工作中非常重要。如果我们和周围的人们都以积极、高情商（第53节）的方式做事情，我们就能够在工作中更加快乐、更富有创造力、更加成功。

（9）**包容（Acceptance）**——这一点是说我们对待自己要像对待亲密的朋友那样，怀有慈悲之心。这在很大程度上可以归结为发挥自己的优势（第2节），聆听自己的想法，以及对苛刻而无益的自我评判进行质疑（第6节）。

（10）**意义（Meaning）**——我们在生活中都渴望得到某种意义——一种将我们的存在或我们的工作与更高的目标相联系的感觉（参见第21节）。有时候，我们通过宗教或成为当地繁荣社区的一员来获得这种意义。其实，我们同样可以通过工作来获得意义。社会上的许多企业都有着重要或崇高的目标——如果这个目标与你有联系，你通常会感到更加充实和有效。

GREAT DREAM 的10个因素对不同的人有着不同程度的影响。浏览各个因素的标题，想一想它们对你来说有多重要，运用头脑风暴，思考如何将这些因素更多地引入你的日常生活。例如，如果你能够从亲子关系中得到许多乐趣，那就把孩子们的照片摆放在你的办公桌上。如果人际关系对你很重要，那就邀请同事共进午餐。

将这些要做的改变添加到你的行动计划中（第10节）。即使是细微的调整也会对你的快乐感和幸福感产生巨大的影响。

了解更多关于如何在工作中使用 GREAT DREAM 模型的内容：http：//mnd.tools/23-1

了解如何将锻炼加入忙碌的日程表中：http：//mnd.tools/23-2

了解更多关于在工作中如何做到正念的内容：http：//mnd.tools/23-3

资料来源：改编自 King 2016。经 Headline Publishing 许可转载。

24. 找到工作与生活的最佳平衡点（生活之轮®）

在本章中，我们研究了如何引导你进入一个适合你的角色，并且探讨了如何塑造这个角色，以便你在工作上取得真正的蓬勃发展。然而，工作以外的生活怎么办？我们都听说过非常成功的首席执行官没能见证自己孩子的成长，也听说过工作努力的生产部门经理在48岁时突发心脏病而去世。

生活之轮（the wheel of life）是一种帮助你在工作和个人生活之间找到恰当的平衡点的有用工具。它由保罗·麦尔（Paul J. Meyer）提出，有助于你探索生活中什么是重要的及思考在生活的各个方面感受到多少满足。

要想画一个生活之轮（见图4.2），可以先通过下面的链接下载模板或使用交互式工具。然后采取以下步骤。

（1）对生活的重要方面进行头脑风暴。它们可能是你想扮演的角色，比如成为一个好伴侣、父母、朋友或老板，也可能是生活中的不同方面，比如事业、自我发展或艺术表达。确定这其中最重要的方面，并把它们标注在生活之轮的辐条上。

（2）在每个辐条上分别标绘一个点，这些点表示在你理想生活中各个方面所处的位置，再将所有点连接起来以显示出"形状"。但这些点并不是都要处于上限位置——因为有些事情对你来说总是比其他事情更重要。（在

图 4.2 中，黑线表示的是生活之轮绘制者的理想形状。）

（3）在每个辐条上分别标绘一个点，这些点表示在你现在的生活中各个方面所处的位置，再将这些点连接起来。这显示了你当前生活的形状。（图 4.2 示例中的虚线对此有所显示。）

（4）你的"当前"生活和"理想"生活之间的空白之处就是你需要采取行动的地方。如果某些具体的方面没有得到你理想的那么多关注，你就要计划如何做出改变。同样地，如果你现在在某些方面付出的努力超过你想要付出的努力，就要考虑如何减少在那些方面的努力。将这些要点添加到你的行动计划之中（第 10 节）。

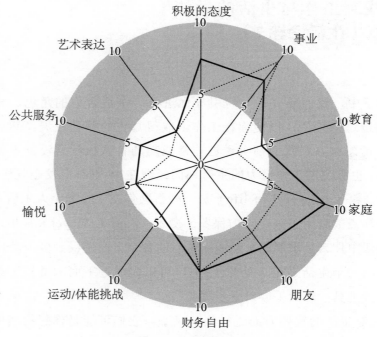

图4.2　生活之轮示例

资料来源：Paul J. Meyer。

下载生活之轮模板或使用交互式工具：http://mnd.tools/24

25. 了解可能破坏你职业生涯的行为类型（霍根的职业脱轨管理）

我们已经讨论了识别并加强优势的各种方法，以便你能更好地完成工作。然而，我们运用这种方法时也要注意：在短期看来是优势的事情，从长远来看可能会变成劣势，并最终导致职业脱轨（career derailment）。这种情况的发生率比你想象的要高得多。

心理学家兼医生的罗伯特·霍根（Robert Hogan）和乔伊斯·霍根（Joyce Hogan）多年研究职业脱轨问题。对照下面这些方面，找出你可能有的优势，然后想一想与之相关的劣势并做好防范——它们可能是职场杀手。

（1）**激动（Excitability）**——容易激动的人有许多精力和热情，但在压力下，他们可能会喜怒无常、不可捉摸、容易被激怒。与他们一起工作可能很困难，因为你永远不知道会发生什么。

（2）**多疑（Skepticism）**——多疑的人通常很聪明，在政治上也很精明，但他们过于把心思花在发现欺骗或背叛上。他们在压力下会变得谁也不信任，还好与人争辩。其他人觉得他们难以相处，并且害怕如果说错了什么会遭到打击报复。

（3）**谨慎（Cautiousness）**——这类人可以成为"可靠的帮手"，但他们可能会抗拒变革和冒险，其他人可能会认为他们害羞、迟钝、悲观。他们会阻碍组织的发展，使组织错失良机。

（4）**内敛（Reservedness）**——内敛的人在压力下常常很坚韧、有决心，但他们往往是糟糕的聆听者，而且随着压力的增长，他们会变得沉默寡言。与他们一起工作的人可能认为他们冷漠无情，不为他人着想，以自我为中心。

（5）**悠闲（Leisureliness）**——悠闲的人很容易相处，表面上看他们愿意与别人合作并且效率很高。然而，他们可能很固执，容易拖延，厌恶别人。

与他们一起工作的人可能会觉得他们消极对抗并且自私刻薄。

（6）大胆（Boldness）——这些人充满了自信。然而，他们经常关注积极面而忽视消极面，他们可能将自己的失败归咎于他人。与他们一起工作的人可能认为他们在做决定时固执己见并且要求很高。

（7）顽皮（Mischievousness）——这些人可能是聪明、有魅力的冒险者，但他们也可能会是不诚实的，他们可能无视规则，利用他人，以及只顾短期获利而不愿长期付出。所有这些都会造成巨大的损失。

（8）有趣（Colorfulness）——在这个维度上得分高的人风趣、迷人、受人欢迎。然而，他们很容易分散注意力，他们的工作也经常杂乱无章。所有这些都会使他们难以与他人合作。

（9）富有想象力（Imaginativeness）——富有想象力的人能够创造性地思考问题，能用独特的视角看待事情和问题。他们的想法有些很有见地，而有些则是异想天开。这样的人往往缺乏常识，因而做出糟糕的决定。

（10）勤奋（Diligence）——认真、可靠、注重细节是勤奋者的主要特点。然而，他们期望别人像他们一样努力工作。他们经常在授权这个问题上纠结，与他们一起工作的人可能会因为工作总是被要求重做而不抱有什么幻想。

（11）尽职（Dutifulness）——这些人往往体贴，容易相处，是很棒的团队合作伙伴。然而，他们也可能是"谄媚之人"，为得到认可而不愿表达相反的意见。你不能指望他们进行批判性的思考，因为他们可能会坦然接受不好的想法并随波逐流。

罗伯特·霍根和乔伊斯·霍根编写了一个测试——有时称之为"阴暗面测试"（dark side test）——它可以帮助你发现这些问题，并在它们"为非作歹"之前压制它们。你可以通过下面的链接了解更多的相关内容。

了解更多关于霍根人格发展调查的内容：http://mnd.tools/25

资料来源：改编自 Hogan，Hogan and Kaiser 2011。经 American Psychological Association 许可转载。

管理职业生涯的其他技术

本章所介绍的工具都是在我们的调查中备受推荐的好工具，它们是促进职业发展的经典方法。此外，马库斯·白金汉（Marcus Buckingham）和马歇尔·戈德史密斯（Marshall Goldsmith）的观点也是值得探讨研究的。你可以在 http://mnd.tools/c4c 上了解更多的相关内容。

第 2 部分

管理任务并把事情做好

第 5 章
高效而专注地完成工作

作为管理者，就日常工作的优先要务而言，你的最大职责可能是确保高效而专注地完成工作。当然，好的管理者都深谙用人之道，对此我们将在后面的章节中予以讨论。在这里，我们主要关注任务的高效协调与一致性。你可以将公司看作一台运转良好的机器，机器上的所有零部件完美地匹配在一起——这应该是你的目标所在。

遗憾的是，大多数大公司根本不像运转良好的机器，原因有二：首先，这些公司如此庞大而复杂，以至于人们对别处正在发生的事情一无所知，而高管们——即便有世界上最强的决心——也难以把一条信息连贯地传达给每一个人；其次，公司的规模越大，个体员工与自己的劳动成果就会越分离，激励他们不断提高自己的绩效就越困难。

本章提供的这组工具和技术将会帮助你在日常工作中提高效率和专注力。头两个是在某种程度上需要你亲力亲为的高层次技术，具体来说，是将公司的使命转化成员工能够理解的目标（第 26 节），以及使员工的目标与公司的目标保持一致（第 27 节）。其他技术则需要你与团队成员共同使用来帮助实现目标。其中有两种技术侧重于效率——系统分析并优化人们所做的工作（第 28 节），以及使用结构化、持续性的改善方法（第 29 节）。还有两种技术更注重效果，即做正确的事情——确定为实现目标而需要填补的"差距"（第30节），以及进行项目完成后的评审来确保对正确的活动进行优先级排序（第31节）。最后，我们为管理项目提供一个关于敏捷方法论的概述（第32节）——"敏捷"是当前商界中最热门的趋势之一，所以快速了解它的工作原理非常重要。

本章所述问题在管理学研究中可谓历史悠久——例如，弗雷德里克·泰勒（Fredrick Taylor）最初的科学管理研究和工时与动作研究，以及由爱德华兹·戴明（Edwards Deming）发起并首先在丰田公司实施的质量革命。像六西格玛（Six Sigma）和敏捷开发这些最近的管理创新都是建立在传统的基础之上。虽然术语名称不断变化，但在工作中创造一致性和效率的潜在需求是永恒不变的。

26. 将组织的使命转化为员工所理解的目标（OGSM）

我们已经讨论了生活中拥有意义是多么重要及你的工作方式的不同方面如何有助于实现这种意义。但是，意义的一个重要部分来自于你的组织如何处理其利益相关者的需求。这通常体现在使命或愿景陈述之中，塔塔有限公司前首席执行官拉坦·塔塔（Ratan Tata）称之为"对行动的精神和道德召唤"。（关于使命陈述的更多内容，参见第81节。）

然而，往往很难看到我们日复一日的工作对组织的使命有什么贡献。换句话说，对于高级管理者来说，要将更高层次的目标转化为个人目标就不得不制订冗长的计划，而冗长的计划既让人难以理解，又很容易被人遗忘。这时OGSM便可以派上用场了。OGSM分别代表长期目标（Objectives）、短期目标（Goals）、策略（Strategies）和衡量（Measures）。马克·范·艾克（Marc van Eck）和艾伦·林豪思（Ellen Leenhouts）在《一页纸商业计划》（*The One Page Business Strategy*）中对OGSM进行了详尽的阐述，它被许多大公司所采用。这一框架将组织的所有层级的目标都汇集起来并把它们整合在方便的、易于人们理解的一页纸上。对于高管们来说，这个"一页纸规则"非常有助于督促他们做出艰巨的决策而不是懒洋洋的妥协。同时，它也非常有助于以清晰和极其简练的方式传达出人们需要做的事情。

长期目标是对组织正在力图实现什么的陈述，它简明扼要并且具有情感吸引力。例如，你的长期目标可能是"成为在电动货车制造业的全球领先者"。你还可以加上"通过开发尖端的电池技术、高性能的发动机和创新的劳动力"对长期目标做进一步扩展。

短期目标是对成功是什么样子的若干陈述（通常是 3 个或 4 个）。比如说："在接下来的 12 个月里，开发出一种电池组，能让一辆 10 000 磅重的汽车行驶 650 英里。"

策略是对你将要做什么来实现你的目标的简短描述（这里"策略"一词的含义非常特殊，与别处使用该术语的方式不同，我们将在第 15 章中对此进行讨论）。比如，"招募一支由 7 名工程师组成的团队，要求他们在开发和整合专业电动车电池组方面有着十分丰富的经验"。

衡量是具体的量化指标，你将要对它们进行监控，以检查各个目标是否实现、策略是否成功。（这些指标通常展示在仪表盘上。）

了解更多关于 OGSM 的内容，包括下载 OGSM 模板：http://mnd.tools/26

资料来源：改编自 van Eck and Leenhouts 2014。经 Marc van Eck and Ellen Leenhouts 许可转载。

27. 使员工的目标与公司的目标保持一致（OKRs）

OGSM 十分有助于将组织的使命转化为具体运营单位或部门的行动。但是如何把这些目标和策略转化为个体员工所做的工作呢？

这便是 OKRs 的有用之处。OKRs 是 objectives and key results 的缩写，即目标和关键成果。它由英特尔的前首席执行官安迪·格鲁夫（Andy Grove）提出并推行，风靡于各行业领头公司。它是对 20 世纪 50 年代彼得·德鲁克（Peter Drucker）创建的目标管理概念的改进（你可以通过下面的链接了解更多的相关内容）。

目标明确了某人在某个特定时期内需要实现的事情，关键成果是实现目标过程中的进展量度或里程碑。

OKRs 从组织的最顶端开始，以业务计划或 OGSM 为基础，通过自上而下层层分解的方式，最终使每个员工都有自己的个人目标和关键成果，以促成其上层管理者的 OKRs 的实现。

那么，OKRs 如何确定呢？通常管理者会召集一个团队共同讨论整体计划，然后与每个人进行沟通，商定个人目标，这些个人目标将有助于实现集体目标。管理者并不是简单地告诉人们应该做什么，而是要询问每个人对所设定目标的见解，给他们机会去讨论所发现的任何问题，并争取其他所需要的资源。

目标有两种类型——运营目标（operational objectives）和梦想目标（aspirational objectives）。运营目标是重中之重，它们要么达成，要么未达成，二者必居其一。梦想目标——也被称为延展性目标或"登月计划"——能够鼓舞人们去做意义重大的事情。

对于每个目标，你的管理者都会与你讨论并商定两三个关键成果。这些关键成果是你在实现目标的过程中需要达到的进展量度或者里程碑。然后，你和管理者安排出一对一会议和季度会议。在一对一会议中要对工作进程进行审查，而在季度会议中你应该着眼于下一步做什么及你的 OKRs 可能会如何调整。

与你的管理者完成这些之后，再向你的下属重复上述过程，让他们接着做同样的事，直到 OKRs 向下扩散，遍布整个组织。

了解更多关于目标管理的内容：http://mnd.tools/27-1

了解更多关于 OKRs 的内容，包括查看示例：http://mnd.tools/27-2

资料来源：改编自 Grove 1995。经 Pearson Education，lnc 许可转载。

28. 系统分析并优化团队成员的工作（DILO）

如果团队成员成熟、有经验，你唯一要做的可能就是设定目标让他们更好地完成工作。但如果团队成员缺乏经验，你往往就得更多地参与到实际工作中，这意味着要对他们的工作细节有所了解。

通过深入细节，你就会了解到团队目前的工作情况，你还能够帮助员工专注于正确的事情，评估他们是否需要额外的培训和资源。同时，你也会渐渐了解到谁是无须监督的可靠之人，而谁又是时时刻刻需要你密切管理的人。

一种专门针对上述情形的有效技术是 DILO，DILO 是 "day in the life of" 的缩写，即 "……生活中的一天"。它的提出最初是为了了解客户的生活，但现在同样也可以用于了解团队的工作进程。

DILO 涉及对一段时间内人们正在做什么的细节进行跟踪，然后对此进行分析来提高效率。这一方法如果运用不当，有可能被人们看成专横和侵扰的行为，继而引起他们的愤怒和抵抗。但如果运用得当，它可以让每个人的生活更加美好。表 5.1 是一则已完成的机场工作人员的 DILO 分析示例。

表5.1 机场工作人员DILO分析的部分示例

时间	持续时间	核 心 活 动	活动类型	效率评级（1～5）
06：00	5分钟	签到并登入系统注册	管理	3
06：05	10分钟	从团队工作室走到27号门	通行时间	5
06：15	10分钟	与机组联系；在系统里初始化航班的登机；与运行控制中心核对	航班设置	4
06：25	5分钟	与航空公司代办和签派代理讨论登机细节	航班设置	4

要想进行 DILO 分析，首先需要界定它的范围。你想进行多长时间的分析？你想把分析应用到团队工作的哪些方面？分析的目的是什么——是想要确定培训的需求，还是解决团队成员正面临的问题，抑或探索可能有效的新

的工作方式？

把这些事情传达给相关人员。向他们解释你想要达到的目标及其原因，更重要的是，明确说明你并不会拿这个来评判他们——否则，他们将会怀疑你到底是出于什么目的。

接下来，建立时间记录工作表。这是一份简单的时间日志，上面记录着活动开始的时间、活动的内容、完成活动所需要的时间，以及对自己实际效率的评级。最好是让相关人员本人完成时间日志——这可以使得他们更好地掌控情况。

当研究完成时，你需要与个体成员一起查看时间日志。你们一定要清楚每项任务是什么。要是有人认为他们没有像他们预想的那样有效地完成任务，就要对原因进行探究（例如，使用五问法，参见下面的链接）。

如果研究做得周到细致，这会为你与团队成员之间开启愉快的交谈，你们可以谈论关于应对挫折、解决装备问题、改善进程等多方面话题。但一定要遵守你的诺言，不去对研究对象进行评判。

了解更多关于如何做 DILO 分析的内容，包括下载 DILO 工作表：http://mnd.tools/28-1

了解更多关于五问法的内容：http://mnd.tools/28-2

---

29. 运用一种实现持续改善的结构化方法（PDSA）

PDSA 是另一种你可以使用的以系统和可控的方式改进团队工作方式的技术。PDSA 分别代表计划（Plan）、执行（Do）、研究（Study）和行动（Act）。这是一种科学地实现持续改善的方法：先提出改善某个流程的假设，再对它进行检验，然后评估假设是否成立，最后根据研究结果采取行动。

在 20 世纪 50 年代，爱德华兹·戴明（W.Edwards Deming）提出 PDSA，之后它便成为精益生产和质量改善运动浪潮的核心组成部分，并在随后的几十年中重塑了全球各个产业。它是在制造业的背景下发展起来的，现在被广泛运用于任何需要流程改善的情况。（PDSA 最初被称为 PDCA，但 PDCA 容易引起混淆，于是戴明把这个缩写改为 PDSA。）PDSA 循环如图 5.1 所示。

图5.1　PDSA循环

在计划阶段，你专注于一个问题，以理解它的内在原因 [使用五问法和因果关系图（第 34 节）来有效地做到这一点]。你提出一个假设，说出你认为的问题是什么，再定量陈述，如果问题解决了，你的期望是什么。在你对各种问题解决方案进行头脑风暴之后，选择你想要检测的解决方案，并计划如何进行检测，检测最好是在小范围内进行。

在执行阶段，你要执行计划，收集必要的数据以评估是否达到了预期。

在研究阶段（最初称为检查阶段），你要对数据进行研究来确定问题是否已经得到解决。如果已经解决，你就进入了行动阶段；如果没有解决，你将重新回到计划阶段。

在行动阶段，你可以将产生的改变充分展现出来，将它们嵌入组织的运行机制中。（这可能比你最初想象的要难——参见第 17 章，了解更多关于变革管理技能的内容。）

然后，你可以回到循环的开始，确定你想要进行的下一次改善。

小贴士

- PDSA 非常有效，它是改善（kaizen）的一部分[1]，改善是一种侧重于清除不同类型的浪费而实现持续改进的方法。你可以通过下一页的链接来了解更多的相关内容。

- PDSA 类似于一种叫作"构建（build）—度量（measure）—学习（learn）"的方法，该方法集中于在快速变化、不确定的环境中，比如科技行业，构建"最小可行性产品"对假说进行检验。你可以通过下面的链接了解更多的相关内容。

了解更多关于如何使用 PDSA/PDCA 的内容：http：//mnd.tools/29-1

了解改善：http：//mnd.tools/29-2

了解如何使用"构建—度量—学习"循环：http：//mnd.tools/29-3

---

30. 系统地确定需要做什么
——差距分析

为了做出像 PDSA 执行阶段那样的改变，或者为了实现其他目标，你通常需要运作项目——具有清晰始末点的临时工作流。创建项目的一个重要组成部分是确定你将在其中做什么工作，而这正是差距分析（gap analysis）发挥作用的地方。

所谓差距分析，就是确定你的当前状态（现在你在哪儿）和你所期望的、想要达到的未来状态之间的距离，然后弄清楚需要做什么工作来缩小这个差距。你可以采取以下步骤。

---

[1] 译者注：kaizen 是日语词汇，意指小的、连续的、渐进的改进。

（1）**界定项目的范围**。界定你的项目将涵盖什么，不涵盖什么。尽量使范围小而集中——因为较大的项目往往容易失控。

（2）**确定所期望的未来状态**。对于所选的活动，确定你最终想要达到的结果。例如，如果你正在建立一个网站，就要从视觉效果、点击量、点击率等方面定义成功是什么样子的。

（3）**确定当前状态**。接下来，对当前状态进行坦率评估，并在必要时与他人协商。如果你已经有了一个网站雏形，你会如何根据你所选择的相关量化指标对它进行评定呢？

（4）**确定如何消除差距**。虽然采取哪些行动以消除当前状态和未来状态之间的差距可能是显而易见的，但在更复杂的情况下，运用因果分析（第34节）或头脑风暴（第48节）能够产生替代方案，所以它们通常也是值得使用的方法。

让我们用一个示例对差距分析进行说明。你可以将项目范围确定为"缩短客户通过你的网站查询解决方案的时间"。你期望的未来状态可能是"在他们查询的2小时内解决85%的客户问题，并在24小时内完成100%的工作，同时保持93%或更高的满意度"。你当前的状态可能是"我们在他们查询的8小时内解决了85%的客户问题，并在24小时内以93%的满意程度解决了100%的问题"。因果分析可以帮你探索为什么没有达到期望的服务水平，并找出可能的改进方向。

小贴士

- 当你做差距分析时，很容易关注过程的变化，而忽略其中"人"的一面。麦肯锡7S模型有助于你考虑到组织的所有相关维度。你可以通过下面的链接了解更多的相关内容。

- 在进行差距分析时，你经常会发现项目造价过高。如果发生这种情况，可以使用 MoSCoW 方法对项目的构成要素进行处理——确定必须有、应该有、可以有和不要有的部分。参见下面的链接，了解更多的相关内容。

了解更多关于差距分析的内容：http://mnd.tools/30-1

了解更多关于麦肯锡7S模型的内容：http://mnd.tools/30-2

学习如何使用MoSCoW方法：http://mnd.tools/30-3

31. 进行项目完工后的评审（回顾会议）

DILO和PDCA都是更为高效地完成工作的好技术。如果你把它们与OGSM和OKRs结合在一起，并且专注于正确的事情，那么你的工作将会取得更多的成效。如果把"从经验中学习"正式列入团队的运行机制中，你还能做得更加出色，而你可以在项目结束时通过召开回顾会议（retrospectives）来做到这一点。

回顾会议是敏捷项目管理的一个关键的特征，在每次"敏捷冲刺"结束时进行，通常每2周进行1次。（我们将在第32节更详细地讨论敏捷）。回顾会议也被称为行动后反思（after action reviews），这一术语在军事领域中已经使用了很多年。

回顾会议的目的是让团队成员承担集体的责任，从他们最近的经历中学习并在下次遇到类似挑战时改进他们的工作方式。回顾会议需要迅速地以无层级和无指责的方式召开；否则，人们就会忘记所发生的事情的细节，或者有可能因为害怕看起来很糟糕而掩盖问题。

召开回顾会议需要先从解释背景和目的开始。你要清楚地说明，每个人都应该建言献策，分歧可以有，只要它无关个人并且具有建设性意义。重点关注以下问题。

（1）应该发生什么？实际发生了什么？差异在哪儿？为什么会出现差异？

（2）哪里进展得不顺利？为什么？

（3）哪里进展得顺利？为什么？

（4）为了下一个项目取得成功，我们将要停止做什么？开始做什么？继续做什么？

你可以只让团队成员发言和做笔记，或者你可能更喜欢使用一种更为结构化的流程——例如，让团队成员把想法写在便签上，再把便签张贴在图表上，让所有人都能看到。根据不同的工作领域，也可能会有供每个人使用的特殊的模板。

最后，你将要考虑改进团队的运作机制——通过改进培训，将人们在关键领域的知识进行编撰归类，或者改进程序和工作方法。一定要记下会议中拟定的行动清单，并且要对这些行动进行跟踪以确保其得到执行。

了解更多关于如何进行行动后反思的内容：http：//mnd.tools/31-1

学习如何召开回顾会议，包括回顾会议的不同类型：http：//mnd.tools/31-2

---

32. 使用敏捷方法进行项目管理（敏捷项目管理）

前面两种技术（第 30 节和第 31 节）解决的是项目管理的具体问题，但如何从整体上进行项目管理也是一个问题。一般来说，有两种项目管理方法供你选择。如果项目所使用的技术易于理解，产品高度标准化并能够被详细地设计出来（比如一栋房子、一座桥，或者一艘船），产品交付所需要的预算紧张、期限确定，那么可以使用结构化的项目管理方法，如项目管理知识体系（PMOBK）和受控环境下的项目管理（PRINCE2）。它们能够使项目以一种可控且高效的方式得以交付。

然而，这种结构化的方法在许多高科技行业并不适用，因为在这些行业中，无法提前充分了解项目要求，技术发展迅速，客户需求也不断变化。高度结构化的项目方法难以较好地应对不断变化的需求，最终结果往往是超出时限、超支成本，并且经常生产出不符合组织的演进需求的产品。处理此类项目可能令人压力重重并丧失信心。

在这个时候，敏捷项目管理（Agile Project Management）便可以派上用场了。从本质上讲，它以自下而上的流程取代了所有事项都是事先计划好的自上而下的流程，这样就能适应不断变化的环境。它涉及一种权衡：客户和赞助商失去了准确知道项目完成的时间和产品最终成本的权利，但是他们获得了一种灵活动态的方法，这种方法几乎从一开始就产生了小而有用的成果，最终的产品也符合不断演进的组织的需求。

有一种流行的敏捷项目管理方法叫作 scrum。在这种方法中，项目是围绕着小型的自我管理型团队建立的，团队成员在被称为冲刺的数个短期爆发的项目活动中共同协作。冲刺长度通常是 2 ～ 4 周，其目标是项目团队在每次冲刺结束前完成一个小的、经过全面测试的初步可交付成果。

在 scrum 团队中，有几个关键角色。产品负责人（product owners）是客户和最终用户的代言人。在每次冲刺之前，他们会对要处理的可交付成果重新安排优先顺序，并通过被称为用户故事（user story）的格式描述如何使用可交付成果。在冲刺结束时，产品所有者确认团队已经成功为正在编写的用户故事提供了解决方案。

敏捷专家（scrum masters）管理每次冲刺的过程。他们将用户故事分解为可以在冲刺时间内完成的更小的用户故事，使项目团队避免范围蔓延，帮助解决冲刺中的问题，并在每次冲刺结束时召开项目回顾会议（参见第31 节），从中吸取经验教训，以便在未来的冲刺中加以改进。

敏捷教练（Agile coaches）是第三个关键角色——这些个体可以为若干团队提供支持，帮助个人发展并提供激发团队动力的建议。

项目团队成员决定哪些用户故事可以在冲刺时间内完成，并进行自我组织在冲刺结束前为每个用户故事制订一个初步的解决方案。团队成员在冲刺开始时召开会议来决定如何实施这个方案，然后每天举行 15 分钟的站立会议，以便团队成员及时互通工作进展情况。

如果有效地加以运用，这种敏捷方法会提高高管们对所负责的项目进展的可见度，并为项目团队成员提供更多的自主权和更大的个人发展机会。然而，它运用起来并不那么容易：你需要投入大量的时间来构建新的结构并培养必备的技能才能将其付诸实践。

注释

- 项目管理知识体系、受控环境下的项目管理和敏捷项目管理都是非常复杂的方法。我们在这里只能对它们进行大体的介绍，想要有效地运用它们，你需要接受正式的培训。相关的标准和培训机构参见下面的链接。

- 敏捷项目管理与本书的其他技术有所不同，其他技术都是我们调查的 15 000 多名管理人员和专业人员所认为的重要技术，而敏捷项目管理之所以入选本书是因为作为本书作者的我们认为它很重要。当前对敏捷方法的应用正在迅速增长，所以你需要了解它们。

了解更多关于 PMBOK（pmi.org）的内容：http://mnd.tools/32-1

了解更多关于 PRINCE2（axelos.com）的内容：http://mnd.tools/32-2

学习如何运用敏捷项目管理（Mountain Goat Software）：http://mnd.tools/32-3

学习如何运用敏捷项目管理（Scrum Alliance）：http://mnd.tools/32-4

第6章
有效地解决问题

作为管理者，解决问题是你的核心任务之一。如果职场上毫无问题，每个人都能流畅无缝地开展工作，那么根本不需要管理者。

现实的职场中总是出现各种各样的问题，相应的处理方式也应该有所不同。实际上，上一章提到的一些技术，比如 PDSA 循环和敏捷工作法，适用于解决普通的小问题。但有时候会出现更为重大的问题，导致生产线产生故障、错过最后期限或者重要的客户关系处理不当。在这些情况下，你需要使用一组不同的技术，在这里我们将着重介绍它们。

首先是深入挖掘可见的问题、揭示问题产生的原因的 3 种技术，它们是：系统地找到问题的根源（第 33 节），确定问题产生的多种可能的原因（第 34 节），以及清晰地绘制业务流程图（第 35 节）。然后，我们另辟蹊径，提出利用进展顺利的事项来解决问题（第 36 节）。最后，我们讨论一种以人为本的方法，它与其他一些技巧密切相关，即把人们聚集在一起来解决问题（第 37 节）。

这些技术贯穿着几个重要的主题。首先，作为管理者，你很少亲自去查明问题的原因，实施解决方案。更多的时候，你是根据员工们的见解和观点，得出某种问题解决流程，并把它落实到位——这一方面是因为他们往往是那些了解具体情况的人，另一方面是因为需要他们参与执行所选择的解决方案。因此，即便解决问题，说到底是一项以任务为中心的活动，但如果想有效地解决问题，你通常也需要具备大量的社交和外交技能。

需要注意的是，这些都是非常好的技术，但使用起来要花费时间。如果你正试图解决使所有工作都陷入停滞的问题——比如生产系统出了故障——你可能别无选择，只能去寻找问题的根源。但是，还有其他类型的问题需要你努力找出合理的解决办法，而解决办法不存在绝对意义上的对与错。这些问题有时候被称为"抗解问题"（wicked problems）。在这些情况下，确实存在分析瘫痪的风险，即为了确保走对了路，总是想尽可能多地收集数据并进行深入的调查。许多大公司都有这样病态的问题，这必然导致相互指责、畏缩防御和决策迟缓。

因此，尽管掌握上述这些问题解决流程很重要，但是你也应该牢记使用这些技术所要付出的成本和努力。好的管理者的特征之一是清楚干预的程度——有时候轻微的干预就可以了，有时候则需要更深层次的问题解决技术。

33. 系统地找到问题的根源（根本原因分析）

有时候，查明业务问题的原因并不困难，你也能快速拟出解决方案。但还有些问题特别棘手，尽管整个团队拼尽全力，仍然无法得到解决。还有些严重的问题存在重大的下行风险，你必须一次性加以解决。

在后面两种情况中，运用根本原因分析（root cause analysis）这样的彻底分析流程是非常有用的。根本原因分析可以帮助你详细了解所发生的问题，并制订出解决方案，从而使问题不再发生。

原因通常有3种类型：物理原因，比如某个东西出现故障；人为原因，比如某人没有进行预防性维护；组织原因，比如雇用了不称职的员工、没有提供足够的资源或者部门之间互相误解、矛盾重重。虽然责怪个人没有做好本职工作很容易，但根本原因往往隐藏得更深——在不履行职责（nonperformance）的背后通常存在着某种组织或程序上的缺陷。以下是根本原因分析中的关键步骤。

（1）**组建一个团队**，其成员需要具有解决问题所需要的专业知识和技能。有的成员要有处理日常工作问题的实际经验，有的成员要有相关的技术专长。

（2）**界定问题**。在这里，CATWOE 模型这样的工具会对你有所帮助。这一模型包含 6 个基本成分，即顾客（customers）、执行者（actors）、转变过程（transformation process）、世界观（world view）、拥有者（owner）、环境限制（environmental constraints）。具体内容参见下面的链接。它可以帮助你从各种角度来审视问题，形成精心设计的问题界定。

（3）**收集数据**。充分详细地研究情况，了解正在发生什么，这通常需要收集额外的数据。

（4）**识别出可能成因**。使用因果分析（第 34 节）和因果链分析法（casual factor charting）（参见下面的链接）等方法来发现可能的原因。

（5）**通过深入探究这些可能的原因，从中找出根本原因**。可以借助五问法。

（6）**提出解决方案并对其进行测试**。有些解决方案显然是有意义的，那就可以马上实施。有些方案可能是试验性的，或者其结果有待进一步探索。这时候，你可以使用 PDSA（参见第 29 节）等方法，以一种可控的方式对它们进行测试和实施。

了解更多关于 CATWOE 模型的内容：http：//mnd.tools/33-1

了解更多关于因果链分析法的内容：http：//mnd.tools/33-2

发现更多关于五问法的内容：http：//mnd.tools/33-3

了解更多关于根本原因分析的内容：http：//mnd.tools/33-4

---

34. 确定问题产生的多种可能的原因（因果分析）

因果分析（cause and effect analysis）是另一种管理者常用的框架，用来对问题产生的可能原因进行头脑风暴。它兴起于20世纪60年代的日本，最初由石川馨（Kaoru Ishikawa）教授创立，这种方法促使你对某一问题的所有可能的原因进行探究，而不仅仅是最明显的那个原因，这样你就更有可能一次性地解决问题。这是一种经久不衰的技术。

因果分析的图解方式形似鱼的头部和骨架，所以经常被称为鱼骨图（fishbone diagrams）。参见图6.1中的示例。

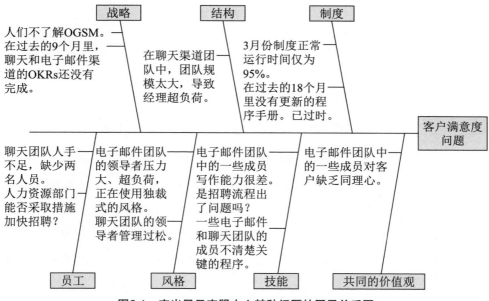

图6.1 突出显示客服中心某种问题的因果关系图

这些图表通常是从右到左进行绘制的。首先，在白板右侧的方框中写下问题的简要描述。再向左画一条横线（把它想象成鱼的头和脊椎骨——参见图 6.2）。

客户满意度
问题

图6.2　图6.1示例中的鱼头和脊椎骨

然后，画出可能引起问题的几组主要因素。最好使用某种标准化的因素清单，以确保分析的全面性——例如，制造业中的5M——机械（machine）、方法（method）、材料（material）、人力（manpower）和度量（measurement），营销中的4P——产品（product）、价格（price）、地点（place）和推广（promotion）或者麦肯锡的7S——战略（strategy）、结构（structure）、制度（system）、共同的价值观（shared values）、技能（skills）、风格（style）和员工（staff）。这会帮你画出如图6.3所示的图表。

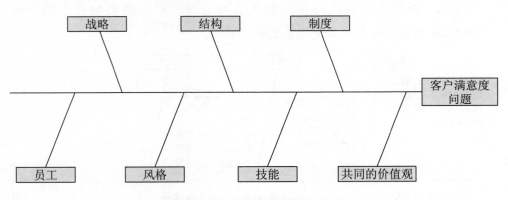

图6.3　图6.1示例中填好的鱼大骨

对于每组主要因素，运用头脑风暴法（参见第48节）分析每种因素不同的构成要素和问题产生的可能原因。然后依次对其进行评估。

通过这个结构化的流程，你会画出一幅生动的问题情况"地图"，看到每个环节可能存在的原因，所以与使用非结构化的方法相比，你更有可能找到真正的原因。

小贴士

同样地，如果你与一群既有学科上的相关技术专长，又有处理问题的直接实际经验的人进行头脑风暴，你将会得到最好的结果。

了解更多关于因果关系图的内容：http://mnd.tools/34

35. 清晰地绘制业务流程图（泳道图）

因果关系图（第34节）非常适合自上而下地看待一种情况，但它并不能帮助你思考在这种情况下如何完成工作。这属于业务流程管理的研究范畴，实际上，一个组织经历的许多问题都来自内部流程问题。

改进业务流程的第一步是将其绘制出来，这样你就能充分了解当前工作的复杂程度。作为管理者，你可能对交付高质量产品所涉及的众多步骤不是完全了解（特别是你的团队技术娴熟，成员们都能自觉承担大量的个人责任的时候）。

由吉尔里·拉姆勒（Geary Rummler）和艾伦·布拉奇（Alan Brache）开发的"泳道图"（swim lane diagrams）是一种很有用的方法，可以绘制出谁做什么及按照什么顺序去做。图6.4就是一个泳道图的示例。

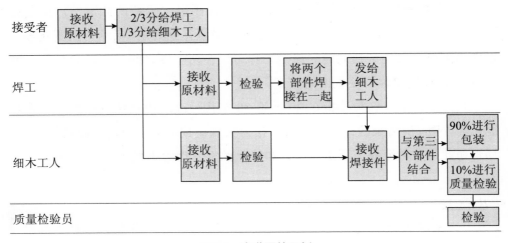

图6.4　泳道图的示例

你可以按照以下的步骤来绘制泳道图。

（1）**界定你的工作范围**。决定要关注哪些流程。尽可能地缩小你的工作范围，并且要清楚从流程中想得到的输出是什么，如完成订单。

（2）**列出使用该流程的人员和群组**。列出向流程提供输入、使用流程或者从流程中接收输出的人员和群组。

（3）**组建一个解决问题的团队，其中包括经常使用该流程的人**。从每一组选出代表，确保这些代表是真正使用该流程以及管理该流程的人员。

（4）**设置"泳道"**。在页面上横着画出几条水平带，并将群组的名称按照各个群组在流程中的顺序标注在水平带上。

（5）**绘制流程**。从流程的第一个行动开始，这个行动可以是接受原材料、下订单等。在左边画一个方框，把该行动填入其中，然后画出流程的实际的而非理想中的情况。按照流程各个步骤的先后顺序，分别为它们画出方框（方框要放在执行团队的正确泳道中），并用箭头将方框连接起来。

（6）**分析图表**。图表完成后，逐步对流程进行处理，并以一种无指责的方式识别出员工在流程的每个步骤所遇到的问题，或者可能出现问题的故障点（通常发生在团队间的交接点）。寻找遗漏的步骤，例如，检验点、团队工作的重叠之处，以及不再需要或不能增值的活动，比如创建没有人阅读的报告。

（7）**重新绘制出流程应有的样子**。现在画出一幅新的泳道图，呈现流程应有的样子——问题得到解决，可能的故障点得到处理，活动得到重建——以便尽可能高效地解决问题。然后，你可以在两个图之间进行差异分析（第30节），以确定你需要做出的改变。

顺便提一下，这种分析在20世纪90年代被改造成企业流程再造。它曾经风靡一时，但后来因许多公司将其作为大规模裁员的正当理由而名誉扫地。尽管如此，业务流程需要定期审查和简化的根本理念仍然是完全有效的。

小贴士

注意要以无层级和无指责的方式举行分析会议。否则，组织中级别较低的员工可能会不敢建言献策。

了解更多关于泳道图的内容，并下载我们的泳道图模板：http://mnd.tools/35

36. 利用进展顺利的事项来解决问题（欣赏式探询的5D模式）

我们已经讨论了一些适用于确定组织中出现的问题的技术，它们显然是非常有用的。然而，还有一种截然不同的方法——欣赏式探询（appreciative inquiry），它关注的是那些进展顺利的事项。例如，假设你经营着一家健身俱乐部，你现在正在极力挽留会员。除了要着重解决引起会员流失的问题之外，你还可以询问那些长期会员对俱乐部的喜爱之处。然后，你可以与团队一起积极地推销这些闪光点，从而吸引新的会员前来体验你们既有的良好服务。

欣赏式探询通常采用4D模式——发现（Discover）、梦想（Dream）、设计（Design）和交付（Deliver）。在这里，我们加入一个界定（Define）阶段，形成5D模式。

界定——如果你正面临一个需要解决的问题，你对它的初始界定很可能是非常负面的。因此，要用积极的方式将它表达出来。例如，如果你不想让会员流失，可以把目标界定为"让长期会员满意，由此增加会员的保留率"。

发现——接下来，看看什么事项进展得顺利。比如在我们的示例中，你可以询问长期会员，了解他们对俱乐部最喜欢的地方。把他们的答案整合到一起，就可以清楚地知道他们心目中最重要的因素——比如，他们喜欢你开设的一种特别的健身课程。

梦想——重新回到在发现阶段所确定的最重要的因素，对"可能性"（what might be）进行头脑风暴——你可以如何利用这些积极因素，并在此基础上把它们发挥到极致。例如，你可能会经常性地开设这门课程，改善健身工作室的环境，或者引入"名人"教练。

设计——在这个阶段，你要在这些梦想中做出选择并制订出行动计划。

交付——执行你的计划，在推进计划的过程中，要确保以一种鼓舞人心和令人兴奋的方式把这些积极因素传达给你所服务的对象。

尽情使用欣赏式探询吧——它是一种振奋人心、能够带来变革的技术！

了解更多关于欣赏式探询的内容：http://mnd.tools/36

资料来源：改编自 Kessler 2013。经 Sage Publications，Inc 许可转载。

37. 将人们召集到一起来解决问题（管理群体动力）

当我们面对棘手的问题时，第一反应往往是召集团队成员一同讨论。群体为解决问题带来了多样化的视角，当然，我们也需要群体成员的支持来实施所选择的解决方案。在我们对 15 000 多名管理者的调查中，"将人们召集到一起来解决问题"是所有问题解决技术中最受欢迎的技术。

然而，因为群体并不总是以有效或高效的方式发挥作用，所以使用这种技术实际上可能存在很大的挑战。大量著名的案例表明，如果群体已经进入"群体思维"模式或者成员之间彼此不和，那么最终会做出极其糟糕的决策。

你需要对这些风险有所了解以做到防患于未然。相关研究已经指出了许多值得注意的问题。

（1）过度同质化（Too much homogeneity）——例如，当团队中的大多数人拥有相似的专业、社会或文化背景时，就有可能出现这种问题。由于缺乏可借鉴的多样化经验，解决方案的范围可能会很狭窄。

（2）领导力薄弱（Weak leadership）——如果没有强大的领导者，团队中一些更占主导地位的成员就会掌权，但他们可能缺乏关键信息，这会导致团队迷失方向，产生内讧及主次不分。

（3）**责任分散效应**（Diffusion of responsibility）——在这里，人们下意识地试图与其他团队成员分摊其解决问题的责任，这就意味着没有人感到应对工作负责，致使工作无法做好。

（4）**过度依从权威**（Excessive deference to authority）——指的是人们出于对领导者的尊重而不敢坚持自己的不同意见，即使他们知道正在朝着错误的方向前进。

（5）**评价顾忌**（Evaluation apprehension）——当人们觉得自己会受到其他团队成员的严厉批评时，他们会隐瞒自己的想法以避免被批评。

（6）**搭便车**（Free riding）——在这里，搭便车指的是一些团队成员避重就轻，让他们的同事去做困难的工作，认为自己少做贡献也不会被发现。

（7）**群体思维**（Groupthink）——人们想要达成共识并成为"圈内人"，于是就把这种想法置于达成正确决定的想法之上，从而再次缩小了解决方案的选择范围。

（8）**想法尚未充分形成**（Insufficient idea development）——在这里，人们并没有完全形成一个想法就突然做出改变去探讨下一个想法，这意味着他们最终会选择不太理想的解决方案。

（9）**阻碍**（Blocking）——群体中某些个体的不良行为阻碍了信息在成员之间的自由流动。阻碍的类型包括攻击（无益的争斗）、否定（过度批评）、寻求认可（以自我为中心的建议）、退避（不参与讨论）和戏谑（在不恰当的时候使用幽默）。

那么，如何避免这些问题呢？

首先，选择一群拥有不同职业专长和文化经历的人。在会议开始的时候，给他们一些时间让他们独立思考如何解决问题，这样就能形成有一定深度的个人想法。鼓励他们提出若干可行性方案，以便他们跳出最明显的解决方案的限制进行思考。

然后，在会议期间，确保对过程进行管理——换句话说，对交谈方式要进行定期评估，如果你认为群体动力（group dynamics）正在出现问题，就要做好干预的准备。

了解如何避免群体动力出现问题的其他方法：http://mnd.tools/37-1

了解更多关于避免群体思维的内容：http://mnd.tools/37-2

其他有用的问题解决技术

还有哪些有用的问题解决技术没有入选我们对全球 15 000 多名商业人士的调查呢？其中 3 种技术特别有用，你可以在 http://mnd.tools/c6c 上进行查看。

第 7 章
制定明智的决策

为什么聪明人经常做出愚蠢的决定？这是普遍存在于商界（实际上也存在于包括政界在内的其他行业）的巨大的谜团之一。例如，百视达（Blockbuster）的经理们曾有机会在 2000 年以 5 000 万美元的价格购买奈飞（Netflix），但他们却拒绝收购，结果后来被奈飞彻底地灭掉。为了弄清楚类似于这样的决策，我们不仅需要了解制定决策时所处的战略环境，还需要考虑决策者的心理和群体动力。尽管让许多人参与决策会带来很多好处，但事实证明，这样的团队往往表现出明显的功能失常。

作为管理者，为了制定更好的决策，首先需要了解一些既定技术，它们可以对当前问题提供系统的洞见。在大多数情况下，这些都是高度理性的技术。第一种是根据当前信息来确定一项投资或选择是否具有财政意义（第 38 节）。然后，你需要考虑多重定量和定性因素（第 39 节），以及范围更广泛的定性方面，比如机会、风险、反应和道德（第 40 节）。同时，你还要考虑到风险带来的不利影响，以了解可能会出现什么问题（第 41 节），并根据风险发生的影响及概率对风险进行优先级排序（第 42 节）。

然而，意识到这些技术的局限性也同样重要，特别是要注意你自己的认知偏见和缺陷，以免犯愚蠢的错误，因为它们有时候会使最聪明的执行团队偏离轨道。关于这个问题的研究可谓汗牛充栋，我们在这里提出一种叫作"决策过程中避免认知偏差"的框架（第43节）帮你应对这个问题。在本章最后，我们也提供了与此相关的其他建议的链接。

毋庸赘言，最优秀的决策者善于将理性要素和更为直觉的要素相结合：他们收集所有可用数据并得出暂定的结果，但随后在经验和直觉的引导下，做出最终的决策。以亚马逊（Amazon.com）为例，它的闻名之处不仅在于使用数据为决策提供信息，还在于偶尔做出放手一搏的重大决策，比如推出 Kindle 电子书阅读器和进军影视制作行业。

38. 确定决策是否具有财政意义（净现值分析）

任何商业决策都基于一种财政预测——这个项目会赚钱吗？进行这类分析很容易变得复杂起来，而这里也并不是深入探讨财政分析细节的地方。但是了解财政分析的基本原则，特别是净现值分析（net present value，NPV）的概念是很重要的，它是大多数财政预测和电子表格分析的核心。

简单地说，每个商业决策都涉及为了赚钱而花钱。但是，把握好这些现金流动——钱进钱出——的时机是至关重要的，因为今天的 1 美元要比明天的 1 美元更有价值。那么，我们如何对此进行量化呢？

这就需要引入净现值分析——它是一种计算未来报酬价值的方法，就好像今天通过应用"折现率"（discount rate）来支付一样。例如，一年后支付给你 100 美元，折现率为 10%，那么净现值为 90 美元。

净现值分析是指对特定的意向性项目中的所有未来现金流（包括流入和流出）进行估算，然后将所有这些现金流折现，以计算出该项目的收益水平。

举个例子，假设经理需要决定是翻新工厂的机器还是购买新的机器。翻新工厂机器（10 万美元）的成本低于购买新机器（20 万美元），但购买新机器能带来更高的现金流动。因此，我们以 5 年为一个时间段来进行如下比较，见表 7.1。

表7.1　5年内翻新机器与购买新机器现金流动

年数	0	1	2	3	4	5
翻新	（100 000）	50 000	50 000	30 000	20 000	10 000
购新	（200 000）	30 000	100 000	70 000	70 000	70 000

可以看到，在翻新的情景下，初始投资仅需 2 年就能回本，而新购入机器需要 3 年。很多人喜欢从这些方面进行考虑，但这并不可取，因为它没有考虑到投资可能会带来的长期效益。

净现值分析运用折现率对每个现金流进行折算。假设折现率为 10%，会得到如表 7.2 的结果。这表明经理应该购买新机器，因为经过 5 年的时间这项投资会带来更高的净现值。

表7.2　翻新机器与购买新机器净现值

年数	0	1	2	3	4	5	净现值（NPV）
翻新	（100 000）	45 455	41 322	22 539	13 660	6 209	29 186
购新	（200 000）	27 273	82 645	52 592	47 811	43 464	53 785
折现系数	1.000	0.909	0.826	0.751	0.683	0.621	

如果你愿意的话，还可以将这项基本计算变得更加复杂，如创建有不同折现率的情景或进行更长时间段的比较。净现值分析的一个变量是内部收益率，它是一种假设净现值分析设置为零，确定特定项目的折现率的一种方法。然而，这些细节问题超出了本书的范围。如果你想更多地了解这个话题，参见下面的链接。

了解更多关于净现值分析和内部收益率的内容，包括它们的计算方法：http://mnd.tools/38

39. 考虑多个因素从选项中做出选择（决策矩阵分析）

商业中很少有决策仅仅归结为某种单一的因素，如成本。例如，如果你选择某个供应商纯粹是因为其报价最低，那么你最终可能会收到劣质的商品或者发现商品是以不道德的方式生产的，比如使用童工。

因此，在制定决策过程中，你需要考虑很多不同的因素，这种感觉就像是拿苹果和橙子这两样完全不同的东西做比较一样。如何以一种严谨的方式制定决策，从而向后来那些可能的质疑者证明你是正确的？此时决策矩阵分析便可以派上用场了。

（1）列出你在制定决策时需要考虑的各个因素，并把它们作为一个表格的列标题，如图 7.1 所示。

因素	成本	质量	位置	可靠性	付款方式	总计

图7.1　显示决策因素的列标题

（2）对每个因素赋予数值的权重。这些数值的权重表示各个因素的相对重要性，比如在 1 ~ 5 的范围内进行衡量。如果某个因素相对来说不重要，用"1"表示；如果某个因素非常重要，用"5"表示。如表 7.3 所示。成本和质量在最终决策中非常重要，而供应商的位置和交付可靠性不那么重要——这或许是因为如果交付失败还有很多快速的替代方案。

表7.3　对每个决策因素赋予权重

因素	成本	质量	位置	可靠性	付款方式	总计
权重	4	5	1	2	3	

（3）在下面继续为你所评估的每个选项输入表格行。对于每一行，按照每个因素对各个选项从 0 ~ 5 进行打分，其中"0"表示选项非常差，"5"意味着它非常好（在此阶段忽略权重），参见表 7.4。

表7.4 添加选项并按照每个因素对这些选项打分

因素	成本	质量	位置	可靠性	付款方式	总计
权重	4	5	1	2	3	
供应商1	1	0	0	1	3	
供应商2	0	3	2	2	1	
供应商3	2	2	1	3	0	
供应商4	2	3	3	3	0	

（4）最后，将同一选项中每个因素的得分乘以该因素所占权重，并计算每一行的总分。这样就显示出每个选项相对于其他选项的得分情况及哪个是你的最佳选项，如表 7.5 所示。（此处显示的行值是步骤 3 中的得分乘以步骤 2 中的权重的结果。在此示例中，供应商 4 是最佳选择，因为它提供了质量、位置和交付可靠性的最佳组合。）

表7.5 对每个得分进行加权处理并计算总分

因素	成本	质量	位置	可靠性	付款方式	总计
权重	4	5	1	2	3	
供应商1	4	0	0	2	9	15
供应商2	0	15	2	4	3	24
供应商3	8	10	1	6	0	25
供应商4	8	15	3	6	0	32

小贴士

- 当你做决策矩阵分析时，要注意有些原因可能让你完全拒绝某个选项——比如对团队成员的健康或安全构成威胁，或者涉及违反组织道德规范的活动。一旦发生这种情况，你需要考虑将整个选项排除在外。
- 要始终利用你的直觉来检查答案。如果直觉告诉你最终结果是错误的，那么请仔细检查你的假设。

了解更多关于决策矩阵分析的内容，并下载决策矩阵分析模板：http://mnd.tools/39

40. 在决策制定中要考虑许多因素，比如机会、危险、反应和道德标准（ORAPAPA）

　　净现值分析和决策矩阵分析能让你在选项之间坚定地做出选择。然而，因为很多原因，它们无法向你全面地展现实际情况，所以对你的决策进行理性检查（sense-check）总是很重要。鉴于认知偏见与有缺陷的群体动力经常对决策的制订造成麻烦，这一点更是尤其重要（我们将在第43节对此进行讨论）。即使你不可能完全避免有缺陷的想法，但至少可以更加意识到你所面临的潜在风险。

　　当你评估一个重大的决策时，由一列需要考虑的因素组成的ORAPAPA检查清单就会派上用场。对于团队来说这一清单非常有用，它让人们跳出他们自然采取的固有立场，帮助他们从各种角度看待决策，而这些角度他们可能不会凭直觉采用。

　　ORAPAPA分别代表着机会（opportunities）、风险（risks）、替代方案与改进（alternatives and improvements）、过去的经验（past experience）、分析（analysis）、人员（people）以及一致性与道德标准（alignment and ethics）。你可以按照以下各个标题对你正在考虑的行动方案进行理性检查。

　　（1）机会——通过头脑风暴找出决策所带来的机会，团队可以将这些积极方面公之于众。这能够确保团队中的乐观主义者得到公平的倾听，他们的意见也得到了尊重。

　　（2）风险——由于人们把所有的热情和激情都用来阐明改变的理由，这就很容易淡化伴随决策而来的风险。因此，这个标题可以让你的团队彻底探明风险，而不会被贴上"唱反调者"的标签。从根本上来说，正确地考虑风险是制定成熟明智的决策的一个重要部分，我们将在第41节对此进行更加深入的讨论。

（3）**替代方案与改进**——在某个特定方案上达成一致需要付出很多努力。即便如此，那种方案可能依然存在种种问题，包括可预见的负面结果和需要应对的风险。那么，还有其他你应该想到的替代方案吗？你还能进一步改进这个想法吗？

（4）**过去的经验**——你的组织以前可能尝试过类似的办法。随着环境不断变化，过去行不通的办法现在也许会奏效，但需要强调的是，借鉴过去的经验仍不失为一种聪明的做法。因此，你要花时间想一想过去是否遇到类似的情况以及如何从中有所借鉴。

（5）**分析**——要对那些支持你做出决策的数据进行检查，确保它们的可靠性。还要确保已经做了充足的分析，仔细检查你所做的任何明确或者不明确的假设。然后问问自己，你的决策是否与市场的总体趋势保持一致，并对你的决策过程进行理性检查，以确保它没有受到不良的群体动力（参见第37节）或者心理偏见的影响（参见第43节）。

（6）**人员**——想一想你的利益相关者及更为宽泛的利益群体将如何根据他们有限的知识对决策做出反应（记住，大多数人没有兴趣去了解你的决策的详细利弊——他们会用自己的直觉或"勇气"来决定同意与否）。这一步骤可以让你考虑到利益相关者的管理与沟通问题——更多相关内容，参见第18章。

（7）**一致性和道德标准**——最后，你需要确保所做的决策与组织的愿景和使命相一致，并且合乎道德标准。如果你有可能赚很多钱或者由于在决策上做了大量的工作而倾注了太多的感情，情况就变得非常复杂。然而，正如我们在最近各种引人注目的案例中看到的那样，道德过失对于相关组织和个人来说可能会带来灾难性的影响。

了解更多关于 ORAPAPA 的内容：http：//mnd.tools/40

41. 系统地分析可能会出现什么问题（风险分析和风险管理）

正如我们在第 40 节中所见，风险是我们在做重大决策时经常要考虑的事情。几乎所有的商业决策都有某种风险及对组织产生损害的可能性。

正确的做法不是完全规避风险，而是识别和了解你正在接触的风险，并以恰当而务实的方式管理风险。因此，是否愿意进行平衡风险分析，是区分不可靠的我行我素者和可靠而明智的领导者的一个关键因素。

风险由两部分构成——可能产生的消极结果的程度（通常以损失来衡量）和风险发生的可能性（以概率来衡量）。风险分析的第一步是识别可能的威胁。对于重大决策，组建一个经验丰富、多学科背景的团队将会对你大有裨益，因为这种团队能够对你可能面临的各种威胁提出一系列的见解。

在成熟稳定的行业中，你也许能够利用既定的风险管理方案或者检查清单为你的团队提供风险评估的良好起点。但是，为了努力发现特定于你的情形的其他风险，合并使用其他一些方法对它们进行补充仍然很有用，这些方法包括失效模式与影响分析（failure mode and effects analysis）（参见下面的链接）、因果分析（第 34 节）及头脑风暴（第 48 节）。

如果你处于尚未成熟的商业环境中，则需要运用一系列方法，创建你自己的框架。风险区域的范围可能更加广泛。比如包括人力风险、运营风险、声誉风险、程序风险、财务风险、技术风险、自然风险和政治风险，具体参见下面的链接。

接下来是评估风险。对于每个风险因素，要评估它发生后所产生的损失（通常相对简单）及其发生的概率（通常要难得多）。将损失和概率相乘，便可以计算出风险值，这有助于你进行风险优先级排序。（更多相关内容，参见第 42 节。）

那么，如何管理已识别的风险呢？审查最重大的风险，并考虑如何才能规避它们，或者如何将它们降低到一个合理的水平，或者如何将它们转移，比如，通过购买保险、对冲货币交易的方式。最终留下的是一些你必须要接受的风险，如果它们发生，你就需要制订出应急方案对其进行管理。（关于风险管理的更多内容，参见下面的链接。）

小贴士

- 正如我们在本章前面所说的，对于风险影响到人们的健康和安全或者组织生存的情况，你必须非常仔细地予以考虑。
- 就像在多种选项之间进行选择时要听从直觉一样，在分析风险时你也要听从直觉。当你同时运用直觉与理性时，你会做出最好的选择！

了解更多关于风险分析和风险管理的内容：http：//mnd.tools/41-1

了解更多关于失效模式与影响分析的内容：http：//mnd.tools/41-2

发现如何执行应急方案：http：//mnd.tools/41-3

---

42. 按照影响和发生概率对风险进行优先级排序（风险影响／概率图）

风险评估非常重要，但是当你很快得到一长串潜在风险的清单时，可能会感到焦虑不安。处理所有这些风险是一件非常耗费时间的事情，所以我们在这里引入风险影响／概率图（the risk impact/probability chart）（参见图7.2），以帮助你确定那些需要你着重处理的风险。

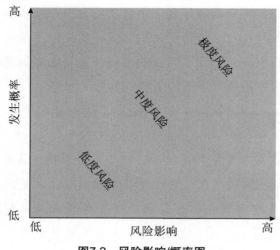

图7.2　风险影响/概率图

风险影响/概率图已经被广泛使用了几十年，这种方法提出4种通用的风险类型。

（1）**低影响/低概率风险**：这类风险出现的可能很小，即使出现，也无关紧要。你通常可以忽略它们，或者只需在它们出现时对消极结果进行处理即可。

（2）**低影响/高概率风险**：你可以在这类风险出现时再对它们予以处理，但最好采取合理的措施，防患于未然，因为此类风险可能会拖你的后腿。

（3）**高影响/低概率风险**：这类风险也很少发生，不过一旦发生就会引起大麻烦。如果发生，要竭尽所能减少它们产生的影响，并确保有合适的应急方案来处理它们。特别要注意那些涉及人们生活或组织失灵的风险。为了每个人的利益，你必须小心谨慎地防范此类风险。

（4）**高影响/高概率风险**：这类风险至关重要，你需要集中大量的时间和资源去管理它们。

小贴士

　　虽然我们在风险影响/概率图中可以确定4种风险类型，但是我们并未特别把它显示为2×2矩阵。从对角切片的方面进行思考更为有用，其中右上角的风险级别最高，而左下角的风险级别最低。

了解更多关于风险影响／概率图的内容，包括下载绘图模板：http：//mnd.tools/42

43. 规避决策制定中的心理偏差

假如你正在研究一种潜在产品，你认为它将很有市场，并且搜集到一些支持这一看法的信息作为研究的一部分。于是，凭借着大规模的营销活动，你开始推出这一产品，结果这个产品却失败了。市场并没有拓宽，预想的顾客数量也没有达到。你的销售业绩甚至无法弥补成本，最终损失惨重。

在这一情景中，确认性偏差影响了决策。你没有客观地看待市场信息，而是以一种确认先入之见的方式解读信息，结果做出了错误的决策。

确认性偏差是我们制定决策时都容易受到影响的众多心理偏差之一。关于这一现象，人们现在进行了大量的思考，这些思考都是建立在诺贝尔奖获得者心理学家丹尼尔·卡尼曼（Daniel Kahneman）和他已故的合作者阿莫斯·特沃斯基（Amos Tversky）的研究成果的基础之上。

心理偏差，也称为认知偏差，是指人们倾向于制定违背系统逻辑的决策或采取违背系统逻辑的行动。例如，你可能会下意识选择性地使用数据，或者你可能迫于强势同事的压力而做出决策。心理偏差与清晰、审慎的判断相反，可能会让你错失良机或者做出较差的决策。这里列举 5 种常见的心理偏差，它们可能导致我们做出糟糕的商务决策。

（1）确认性偏差（Confirmation bias）

正如前面的例子所示，当你下意识地去寻找支持你现有看法的信息时，便会发生确认性偏差。由于没有将所有相关信息都考虑在内，所以可能导致决策偏差。

为了避免确认性偏差，你应该寻找方法来挑战你认为的事实真相。从各种来源搜集信息，采用类似ORAPAPA（第40节）的方法从多个角度对各种情况进行考虑。你也可以与其他人讨论你的想法：让你的身边围绕各种不同的人，不要害怕听取不同的意见。

（2）锚定（Anchoring）

锚定是指在决策制定过程中把最初获取的信息作为最终判断依据的倾向。例如，在议价时，即使最初的价格听起来高得离谱，它也会影响你最终支付的价格。不妨把这种现象视作第一印象偏差（first impression bias）。一旦你对一种情况形成初始印象，就很难再看到其他的可能性了。

为了克服锚定影响判断的风险，你应该反思决策过程，想一想在过去是否仓促地做出了判断。如果你对快速制定决策感到有压力，那么最好为自己多争取一些时间。（如果有人强烈催促你做出决策，这表明他们正在侵犯你的最佳利益。）

（3）过度自信偏差（Overconfidence bias）

当你过于相信自己的知识和观点时，就会发生这种情况。你也许认为自己对某个决策的贡献要比实际上更加重要。你有可能会将这种偏差与锚定结合起来，这就意味着你会根据直觉采取行动，因为你对自己的决策制定能力有着不切实际的看法。

为了克服这种偏差，在制定决策时，要对你经常依赖的信息来源进行思考：它们是基于事实还是基于你的直觉？你在多大程度上依赖于之前的成功，将其作为洞察力的来源而没有将失败考虑进去？如果你认为依赖的信息可能不可靠，那就去努力收集更加客观的数据。

（4）赌徒谬论（Gambler's fallacy）

如果有了赌徒谬论的心态，你会期望过去的事件能够影响未来。一个经典的案例是抛硬币：如果你连续7次得到正面，你可能会认为第8次投掷反面的概率会更高。这个过程越长，你就越会认为下一次事情将有所改变。而实际上，正反面的概率一直都是50%。

赌徒谬论在商业环境中非常危险。假设你在一个高度动荡市场做投资分析师，你的前4项投资都表现良好，于是你计划做一项新的、更大的投资，因为你仿佛看到了成功的模式。事实上，结果是非常不确定的，你之前取得的成功的数量对未来的影响很小。

为了规避赌徒谬论，务必要从多个角度审视发展趋势，深入研究数据，并努力地对未来的可能性形成一个现实的看法。如果你注意到行为或产品获得成功的模式——要是有几个项目意外地失败——就在你所处的环境中寻找一些趋势，比如改变了的客户偏好或者更为广泛的经济情况。

（5）基本归因错误（Fundamental attribution error）

基本归因错误是指人们在事情出错时倾向于责怪他人而不是客观地看待情况。尤其是有可能会根据刻板印象或者已感知的人格缺陷来指责或评判他人。

例如，如果你发生了交通事故，过错方是对方司机，那么你很可能认为其驾驶技术糟糕，而不会考虑是否由于天气的原因导致了这起事故。然而，如果你是过错方，你更有可能会责怪刹车失灵或道路湿滑而不是你没反应过来。

为了规避这一错误，有必要以不做判断的方式研究事情发生的具体情况以及参与其中的人们。运用同理心去理解为什么人们会以那样的方式行事并不断培养情商，这样你就能准确地反思自己的行为。

注释

由于心理偏差往往来自潜意识思维，我们自身很难觉察到它。因此，在不与他人讨论的情况下，自行做出重大决策可能并不是明智之举。

了解更多关于规避心理偏差的内容：http://mnd.tools/43

其他有用的决策制定技术

除了在我们的调查中所推荐的工具外，我们认为你还需要使用一种强有力的流程来制定正确的决策，并且以"行与不行"的可靠决策来结束这一流程。你可以在 http://mnd.tools/c7c 上了解更多与此相关的内容。

第 8 章

培养创造力和创新力

作为管理者，你总是在想方设法提升绩效，比如增加产品和服务的吸引力或者提高内部效率。我们在前面的章节中讨论的许多工具能够帮助你做到这一点，它们都是在既定框架内形成持续改善的方法。然而，有时候你需要拥有机会进入未知领域——进行创新。这可能意味着创造一种前所未有的新产品或新服务，或者意味着尝试截然不同的工作方式。

本章介绍的一系列工具有助于你培养创造力和创新力。对于很多管理者来说，这并不是舒适区，因为根据释义，创新就是要尝试新事物，还要承担可能失败的风险。人们还经常有这样一种感觉，创新是别人的工作，是研发部门或者商业开发团队的事情。

我们认为，管理者都可以富有创造力和创新力，而且他们也要鼓励团队成员拥有这样的能力。但我们知道这并不容易做到。你需要培养较强的社交技能和政治技能，向组织中的其他人推销你的创新想法，这个话题我们将在第 16 章和第 17 章中进行讨论。你还需要一些框架和外部刺激来帮助自己跳出固有思维模式，在提出创意并能在之后详细探索。这就是本章所涉及的全部内容。

首先，我们介绍的两种技术是关于尽量通过客户的眼睛看世界而不要认为你已经知道他们的需求。设计思维（第44节）是一种非常流行的方法，它从用户的角度提出商业想法并通过一种快速成型的流程来拓展这些想法；民族志（第45节）是一种非常具体的技术，经常被用作设计思维的一部分，用于发掘潜在客户未明确表达的需求。

除了从客户那里获得灵感之外，从未来获得灵感也是很有益的，于是我们引入情景规划（第46节）。我们还推荐其他两种技术——德布林的创新十型（第47节）和头脑风暴（第48节）。前者有助于广泛思考可能获得的不同的创新类型；后者是一种经实践反复验证的方法，即通过一种团队流程围绕某个特定的主题产生多个想法。

44. 通过了解用户需求来开发新创意（设计思维）

传统上，很多公司通过技术创新进行产品开发——研发人员在实验室里致力于技术层面上的可行性研究。在流程的后期阶段，他们会让设计师和营销人员参与进来，以帮助设计出更具视觉吸引力的产品，或者以一种吸引人的方式放置产品。

尽管这种做法并没有错，但它有很大的局限性。对于研发人员而言，他们通常致力于有趣的技术问题，而不会考虑产品是否具有市场价值。这种以技术为中心的做法常常导致产品设计过度或考虑不周。著名的案例有赛格威平衡车、诺基亚N-Gage手机游戏平台，以及世界上第一款掌上电脑Apple Newton。

在当今竞争激烈的市场中，需要一种体贴入微的方式进行创新。技术开发在许多行业固然重要，但是深入了解用户需求更为关键。

在大多数B2C市场中，客户在网上搜索最终用户评级和产品评论，并据此在多种选项中做出选择。在这种情况下，产品背后的技术相对而言往往不那么重要，因为许多组织都能够掌握和整合这些技术。真正重要的是，这个商品能否满足消费者的实际需求和情感需求。为了做到这一点，需要从一开始就以深入了解客户的需求来推动开发流程。

在这方面，有一种叫作设计思维（design thinking）的方法可以发挥作用。早在1969年就有人开创性地提出设计思维流程，近来又为位于加州的设计公司IDEO所倡导，它可以简化为如图8.1所示的关键步骤。

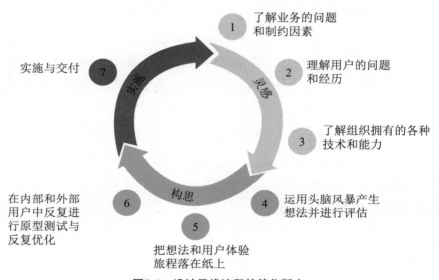

图8.1　设计思维流程的简化版本

资料来源：Brown 2008。经 Harvard Business Publishing 许可转载。

这一流程的主要步骤如下所述。

（1）**了解业务的问题和制约因素**。在这一步骤中，你需要对所要解决的问题有一个清晰的认识。但这并不总是像看上去那样显而易见。例如，如果你在一所大学里工作，正在收到授课质量低下的反馈，你可能会断定问题要么出于职业素质不高而需要接受培训的授课者，要么出于设计糟糕而需要改装的教室。然而，以设计为导向的方法会从更宏观的角度思考这一问题，首先询问讲座的目的是什么，这就可能把分析的角度转向为学生提供高质量的教育。在这个步骤中，你还需要考虑现有的资源和开展业务时受到的制约因素，从而明确流程其余部分的背景。

（2）**理解用户的问题和经历**。接下来，你需要与目标客户交谈并且在谈话中了解他们，要体会他们看待世界的方式，设身处地理解他们的生活状况和经历，了解他们所想、所爱和所做的事情。（我们将在第 45 节更深入地讨论这个话题。）

（3）**了解组织拥有的各种技术和能力。**这包括探究组织擅长和不擅长的事情。

（4）**运用头脑风暴产生想法并进行评估。**在理解背景之后，运用头脑风暴产生想法（第 48 节）。然后对这些想法进行评估，选出最有价值的想法。

（5）**把想法和用户体验旅程落在纸上。**在纸上起草出好的创意并设想自己就是用户。不论是你正在构想的产品，还是那些竞争对手的产品，想一想用户们将会获得怎样的使用体验。

（6）**在内部和外部用户中反复进行原型测试与优化。**采取最好的创意，并按照这些创意制出原型。在用户中对原型进行测试，反复进行优化循环，直到你确定客户会购买它们为止。

（7）**实施与交付。**现在可以把最受欢迎的原型拿出来投入生产。

很显然，与传统的方式相比，这种新产品的开发方式更加漫长且耗时，但与此同时它更有可能向客户交付他们所喜爱的解决方案。

了解更多关于设计思维的内容：http://mnd.tools/44

45. 通过深入研究人们日常使用的产品和服务来进行创新（民族志研究）

设计思维（第 44 节）的第二步是了解用户经历，而这也是民族志研究（ethnographic research）尤其能发挥作用的地方。民族志研究不是询问客户对产品的看法，而是通过观察客户如何使用产品来捕捉能够改进产品的线索。它是一种发掘客户未明确表达的需求的研究。

民族志最初是人类学的一个分支，着重于在人们的日常生活中研究他们。

在最近几十年里，民族志已经被应用在商业中。像英特尔这样的公司已经通过民族志研究去了解技术使用和应用的长期趋势，而像宝洁这样的公司也使用了这个方法去了解人们的日常生活习惯。例如，畅销的速易洁（Swiffer）使用的是一种可以拆卸的布，而不是用湿拖把去清理地板，这一商业灵感就是源于对家庭清洁行为的长期民族志研究。

你可以使用多种不同的方法来开展民族志研究以改进对客户的服务方式。一种方法是跟随你正在研究的客户——观察他们的行为，与他们谈论，了解他们的所思所想。你需要在某个特定地点观察他们，甚至搬去跟他们同住一小段时间，观察他们的生活并且充分理解他们的想法和行为。

其他的方法还有激励客户们使用日志或智能手机应用程序来记录自己的情境体验或品牌体验。你也可以给他们分派一些短期"任务"，让他们去执行并记录完成任务时的想法。同时，许多网站插件可以用来记录人们如何与在线客服进行互动，以及许多用户测试服务付给测试者报酬让他们记录自己的想法。

民族志研究容易产生偏见，比如客户可能比平常更多地考虑自己的决定，或者为了取悦你而改变他们的行为。它也十分耗时，你需要投入大量的时间和资源才能从这种研究中取得最好的结果。不过，它能够让你对客户未阐明的需求产生新的认识，所以为之付出努力也是值得的。

了解更多关于民族志研究的内容：http://mnd.tools/45

46. 通过理解商业世界如何变化来创新（情景规划）

设计思维和民族志研究都是围绕客户的现存需求进行创新的非常好的技术。而观察世界如何变化并据此进行商业定位是另一种截然不同的创新方法。正如冰球传奇人物韦恩·格雷茨基（Wayne Gretzky）所说："我会滑向冰球即将到达的那个地方，而不是它目前所在的地方。"

如何在一个瞬息万变的商业世界里开发正确的产品和服务呢？如图 8.2 所示的情景规划（scenario planning）在这里便可以派上用场了。这种方法可以帮助你用一种结构化的方式思考未来如何变化，从而创建少量的情景以反映出最可能和最重大的结果。然后，你就可以设计最能适应这些新环境的产品和服务。

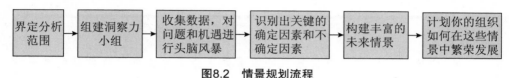

图8.2 情景规划流程

资料来源：改编自 Schwartz 1991。经 John Wiley & Sons，lnc 许可转载。

你可以采取以下步骤。

（1）**界定你的分析范围**，尤其是你要考虑的时间范围和你想要关注的业务领域。

（2）**组建一个对未来有洞察力的小组**。这些组员可能是你所在行业或关键技术领域的专家、受到你的工作影响的客户或人员、对经济形势有所预测的人员，等等。

（3）**收集数据，并对趋势、问题、风险和机遇进行头脑风暴**。要集中精力尽可能多地对它们进行探索和罗列，或许使用像 PESTLIED 分析这样的框架（第 82 节）会对你有所帮助。

（4）**识别出关键的确定因素和不确定因素**。把很有可能发生的事情与你无论如何都无法预测但对你来说很重要的事情区分开来。例如，如果你在一家保险公司工作，人口老龄化是确定的事，而未来的犯罪率或无人驾驶汽车的面世都是不确定的事。把这些因素组合成密切相关的主题，再按照它们对你的重要程度和发生的可能性分别对确定因素和不确定因素进行排序。

（5）**构建丰富的未来情景**。利用你已经识别的确定因素和不确定因素来构建几个详细的情景，这些情景展现出你所确定的时间范围内的未来的样子。你识别的确定因素会适用于所有情景，但这些情景应该探究的是最重要的不确定因素所产生的最有可能的结果。

（6）**思考你的组织如何在这些情景中繁荣发展**。对于每一个情景，你都要考虑你的组织需要如何改变才能在其中实现繁荣，以及你需要提供哪些产品和服务才能管理风险并取得成功。

创新的机会存在于最后的阶段：你需要考虑如果这些情景真实发生，它们可能会如何影响客户对你的产品和服务的需求，或者思考一下如何呈现全新的产品和服务。你可能还要做一些额外研究或开发工作以进一步发展你的想法，而这取决于你提出了什么样的想法。

小贴士

■ 构建、讨论和检查情景可能需要做大量工作，如果你创建的情景太多，有可能无法足够深入地检查这些情景。因此，尽量把情景的数量设定为 3 ~ 5 个。

■ 情景分析的创始人之一彼得·施瓦茨（Peter Schwartz）提出了趋势可能逐渐演化为 4 种方式：

渐进（Evolution）：所有的趋势都按照预期向一个可预测的方向持续发展。

革命（Revolution）：一个新因素从根本上改变了局面。

循环（Cycles）：从萧条到繁荣，又从繁荣到萧条不断往复。

无限扩张（Infinite expansion）：激动人心的趋势无限期地继续下去。

了解更多关于情景分析的内容，包括查看演示该流程的样例：http : //mnd.tools/46

---

47. 在企业的各个方面创新而非仅限于产品和服务的创新（德布林的 10 种创新类型）

当我们考虑培养创造力和创新力时，很容易只关注产品或服务创新——毕竟，这是我们的客户最能直观看到的方面。然而，组织可以进行各种方式的创新，实际上，一些不那么明显的创新形式反而最为有效。

德布林咨询公司（Doblin）在2013年出版的《创新十型：实现突破的原则》（*Ten Types of Innovation：The Discipline of Building Breakthroughs*）一书中对不同类型的创新进行了分类。这个分类列表提供了一种思考创新类型的便捷方式，其中的10种创新类型可以帮助你建立竞争优势。它们分别如下内容所述。

（1）**盈利模式创新**（Profit model innovation）——这种创新着重于如何从产品和服务中实现一定利润率。例如，对不同的客户群使用不同的定价模式，按每使用一次计费，按订阅提供产品，将服务与产品捆绑在一起，等等。

（2）**网络创新**（Network innovation）——这种创新侧重于企业如何与供应商和商业伙伴打交道。它可能涉及开发高效、低成本或有韧性的供应链，建立高价值的战略联盟或引进具有专门技术的专业化供应商。

（3）**结构创新**（Structure innovation）——这种创新着重于组织的结构及其资产如何帮助创造价值。例如，它包括可以帮助你充分发挥员工潜能或者使团队能够更快、更灵活地工作的创新形式。

（4）**流程创新**（Process innovation）——这种创新强调的是如何以高效、高质量的方式交付产品和服务。"六西格玛"和"改善"就是典型的流程创新的管理方法。

（5）**产品性能创新**（Product performance innovation）——这是人们在谈论创新时通常会想到的创新类型，指的是为了增强产品对于客户的吸引力而做的种种改进。

（6）**产品系统创新**（Product system innovation）——这种创新关注的是产品的"报盘"（offer），例如，如何捆绑、包装或定制产品以将产品溢价出售。

（7）**服务创新**（Service innovation）——除了实物产品，还有许多可以提供增值服务的方式（例如，购买汽车时销售的保修、保险和融资业务）。这些方式通常比基础产品更有利可图。

（8）**渠道创新**（Channel innovation）——这种创新着重于拓展市场销售的路径，例如，不通过零售商而是直接或在线向客户销售产品。

（9）**品牌创新**（Brand innovation）——这种创新包括想方设法加强客户的品牌认知，例如，以一种新颖的方式来传达你的产品或服务的价值。

（10）**客户体验创新**（Customer experience innovation）——这种创新是指改进客户与你互动时的体验及他们对你和产品的想法或感受。

这个列表的价值在于它有助于你更系统地思考你的创新选项。在这些选项中，有些可能是死胡同，但有些可能会擦出洞察力的火花，帮助你做出真正有创意的事情。

了解更多关于德布林的 10 种创新类型的内容，包括有助于你进行每一种创新的工具：http：//mnd.tools/47

资料来源：改编自 Keeley et al.2013。

48. 运用自由联想产生许多想法（头脑风暴）

到目前为止，我们讨论了一些大规模的创新方法，这些方法对于组织如何创新起到重要的作用。然而，团队也可以在较小的范围内进行创新，而许多小范围的创新都是通过头脑风暴进行的。

如果管理得当，头脑风暴会是团队集体产生并发展想法的一件利器。它能够传递出个人自身不太可能想出的令人兴奋的想法，同时它还能促进团队团结与发展，让每个人都感觉到自己已经发挥了作用。

但是，如果管理不当，头脑风暴会是一件令人不愉快的事情。它会播下分裂的种子，无法产生任何有价值的成果。因此，你应当小心仔细地召开头脑风暴会议，并以一种消除不良群体动力所引起的问题的方式来管理它们（第37节）。

了解个体头脑风暴和群体头脑风暴的区别很重要。个体头脑风暴往往比群体头脑风暴产生更广泛的想法，而群体头脑风暴往往以一种更丰富的方式发展想法。如果把二者结合起来，通常会得到最好的结果。以下是一个步骤指南。

（1）**组建一个具有相关且多样化经验的团队。**在头脑风暴会议期间，你需要动用广泛的知识和经验，同时也需要思想开明的、愿意建言献策的人。

（2）**提出问题并阐明基本规则。**明确要解决的问题并说明会议的形式。特别要强调的是，不要批评任何思想，欢迎提出各种"疯狂"的想法，并让大家各抒己见。

（3）**给予人们时间，让他们自己想出点子。**这可以保持"原生"想法的良好的多样化水平，有助于人们对这些想法建立信心。如果你直接跳到小组讨论，你可能会因为关注一小部分想法而陷入"墨守成规"的困境。

（4）**让每个人分享自己的想法，然后展开讨论。**鼓励人们慷慨地分享自己的想法。仔细注意别人说的话，让人们运用自己的知识和经验在彼此想法的基础上进一步发展想法。

（5）**引导会议去开发多种想法。**投入足够长的时间去构思每个想法，然后快速进入到下一个想法。在这么做的时候，还要留意有没有不良群体动力引起的问题——因为这些问题会严重破坏一个良好的头脑风暴流程。

（6）**在会议结束时将想法汇集在一起。**你可以使用亲和图（affinity diagrams）（参见下面的链接）将想法组织成若干共同的主题。然后回到流程中做出判断，并使用适当的决策方法在它们之间进行选择。（你也可以在一次单独的会议中做这件事，以保持头脑风暴会议的成功所带来的愉悦心情。）

了解更多关于头脑风暴的内容，以及了解在具体情况对你有所帮助的不同类型的头脑风暴：http://mnd.tools/48-1

了解如何使用亲和图将信息划分成若干共同的主题：http://mnd.tools/48-2

培养创造力和创新力的其他技术

有两种重要的创新流程没有入选我们的调查：门径产品开发流程（The Stage-Gate® idea-to-launch process）和埃里克·莱斯（Eric Ries）的构建——度量——学习流程。了解这些是很重要的，你可以在 http://mnd.tools/c8c 上了解更多的相关内容。

第 *3* 部分 ─────────────────

与员工共事并对其进行管理

第 9 章
理解并激励员工

66 让员工将工作做到最好"已经成为一种越来越流行的定义管理的方式。根据这种观点，好的老板应该是这样的：他或她能为员工创造良好的工作环境，员工在其中感觉干劲十足，尽全力做出自己的贡献。

如何创造这种积极、高能的工作环境呢？首先，你要换位思考，站在员工的角度考虑问题，这样就能理解他们的恐惧和关切及兴趣和需求。大多数人都想把工作做好，但是在很大程度上，作为老板的你，应该为他们扫清工作障碍，同时也给予他们所需要的空间。当然，作为老板，你还得管理不良绩效和失当行为，但管理这些困境将是后面的章节着重讨论的内容。在本章中，我们重点讨论积极的甚至鼓舞人心的方法，帮助你使员工将工作做到最好。

然而，想要创造这种积极的工作环境并不容易。管理者们发现很难让他们的团队成员开诚布公地说出自己的挑战和担忧。通常情况下，管理者们不仅身负重担，还要努力取悦上司，这让他们感到压力重重、不知所措，难以给予员工所必要的关注。还有一种错误是采用"一刀切"的办法来管理员工，这对有些人有效，但对另一些人并不管用。

本章提供的技术和框架将帮助你克服上述种种挑战，这样你就能够更好地理解员工，并为他们创造一个竭尽全力工作的环境。

我们先从两种具体的技术开始。以身作则，也称之为角色示范（第49节），是一种把你希望他人采取的行为和行动有意识地展示出来的方法。正念聆听（第50节）是一种有助于你最大限度地利用与团队成员谈话的技术——这样你就能正确地理解他们所说的话，并在深思熟虑后做出回应。

然后，我们介绍一些旨在帮助你更好地理解员工的技术。首先，我们来看看个人动机。这个话题庞大而复杂，我们在这里只能做肤浅的讨论。我们将描述一个典型的框架，即赫茨伯格（Herzberg）的激励—保健理论（第51节），它为研究员工激励因素和反激励因素提供了实用的见解，我们还提供其他一些可能有价值的激励方法供你参考。此外，我们还将讨论不同的代际特征（第52节），让你理解为什么 Y 一代的员工（出生于 1980 年以后）对职场的期望和需求与 X 一代以及婴儿潮一代有所不同。

最后，我们描述两种贯穿这些特定技术的更广泛的框架。一种是情商的概念（第53节），它是一种对所处的社会环境中发生的任何事情做出理解和有效反应的能力。拥有高情商对任何人来说都是一件好事，对于想要成为管理者的人来说，情商尤为重要。另一种是变革型领导力的概念（第54节），这是一种关于领导者如何激励并帮助员工成长发展的伞式概念（umbrella concept）。

49. 以身作则（成为好的榜样）

当我们想要激励别人的时候，以身作则是一种非常有效的方式，因为我们的行为方式直接影响着别人的行为方式。"照我说的去做，别照我做的去做。"这句话可能会被前几代人接受，但在当今的企业管理中，它可能会引起人们的冷嘲热讽。

这里的关键思想是，在社会环境中，比如职场，人们都想要融入其中，所以他们按照周围人似乎都采用的方式做事情（这被称为"社会习得"）。当然了，我们通过接受教导、进行倾听，通过反复试验来学习，但我们也通过观察别人做什么来学习，这样就能知道什么行得通、什么行不通，并相应地改变我们的行为。

如果我们看到所尊敬的人在逆境中屹立不倒并取得胜利，就会相信自己在这些情况下也能够取得胜利。如果我们看到有人做了一些直接或间接伤害他人的事之后又伤害到自己，我们就知道不能去做这些事。如果我们看到有人因为某些行为而得到奖励——即使那些是不好的行为——我们也可能觉得自己那样做会得到奖励，于是可能亲自去做。

这就是为什么对于我们这些管理者来说，成为下属的榜样是如此的重要，这也是为什么我们应该小心谨慎地奖励某些行为，无论这种奖励是有意为之还是无意之举。

举几个简单的例子：如果我们想让员工守时，我们首先要做到自己守时。如果我们夸赞那些开会早到的人，或者批评迟到的人，人们很快就能了解其意，大多数人都会做出相应的调整。偶尔你会遇到一些"顽固分子"——这些人可能认为自己举足轻重而姗姗来迟。千万不要让他们得逞——你要与他们心平气和地交谈，不妨提醒他们作为榜样就要有榜样应有的样子。

同样地，如果我们想让员工保持正直，我们自己就要危言危行；如果我们想让员工控制成本，我们自己就要控制成本。除了合同上明文规定应享有的福利之外，我们不应该期待有什么等级特权让我们的行为与员工们有所不同——总之，无论我们想让员工做什么事情，我们都应该身先士卒，亲自示范。

作为管理者，我们可以运用许多管理杠杆来促使员工改进工作方式——改变他们的职位描述，使用激励措施，或者在绩效评估时提供反馈，等等。但这些都是施压手段。更好的做法往往是从以身作则开始，正如这句通常被认为是圣雄甘地（Mahatma Gandhi）的劝诫所说："要想改变世界，必须先改变自己。"

了解更多关于成为有效的榜样的内容：http://mnd.tools/49

50. 全神贯注地聆听他人（正念聆听）

做一个好的聆听者是一项重要的生活技能，它有助于我们改善人际关系，使我们结交更多的好朋友。同时，它也是成为好老板的重要因素。的确，当你听到人们在回顾多年来遇到的好老板和坏老板时，对坏老板的一个常见的批评就是"她真是个糟糕的聆听者"或者"他只对自己的观点感兴趣"。

聆听有助于我们了解员工对什么感到不安，这样我们就能够帮助他们解决这些烦心事，也能让我们理解什么因素能够激发员工的工作热情，从而帮助他们朝着这个方向塑造他们的工作。然而，在繁忙的工作日里，我们如何才能抽出时间去做这件事呢？尤其是当我们感到焦虑不安并承受着交付结果的巨大压力或者有 100 件事充斥着脑海的时候。

首先，你需要创造谈话和聆听的机会，并且要使用一种结构化的方式才能做到这一点。每周或每两周与下属们进行一对一会议是如此重要的关键原因就在于此。如果你不进行这样的会议，想成为一名有效的管理者几乎是不可能的。（有关进行高效的一对一会议的更多内容参见下面的链接。如果你还没有进行过这样的会议，请停止阅读，立即召开！）

其次，你需要仔细地聆听。你也许听说过积极聆听（active listening）——注意听对方说的话，使用良好的肢体语言鼓励他们诉说，做出反馈表明你正在聆听，不急于做出判断，适当地予以回应。这一技术虽好，但太容易"走走过场"了，所以这仍然不是真正的聆听。

这就是正念聆听（mindful listening）概念的用处所在。它能确保你在谈话中完全处于精神集中状态，心无旁骛地专注于对方。为了做到这一点，你需要做到如下内容。

■ 在会面前花几分钟让自己冷静下来，厘清自己的思绪，让自己为这次谈话做好准备。

■ 待在一个安静的地方，关掉所有移动设备，以免分散你的注意力。

- 完全专注于对方正在说的话。将注意力集中到他们传递出来的信息和肢体语言，与他们所表达的情感与情绪产生共鸣。

- 将重要的观点以及你的任何想法都记录下来，不要试图光凭记忆记住它们，而应该落在笔头上。不要为对方提出的观点准备你的答案。

- 当你在聆听的时候，也要注意自己的情绪并把它们记录下来，然后放下这些情绪，继续关注对方。

只有在谈话结束时，你才可以拿起笔记，处理他或她提出的观点。

了解更多关于积极聆听的内容：http://mnd.tools/50-1

了解更多关于正念聆听的内容：http://mnd.tools/50-2

了解如何进行有效的一对一会议：http://mnd.tools/50-3

---

51. 了解如何激励员工（赫茨伯格的激励—保健理论）

虽然以身作则和正念聆听等技术很重要，但是知道哪些因素能够激励你的员工更为重要。要想做到这一点，你需要充分了解人类动机的原理。

关于动机有大量的研究——这可能也是本书的主题。出于篇幅的考虑，我们在这里重点介绍一种经典的方法，即弗雷德里克·赫茨伯格（Frederick Herzberg）的激励—保健理论（Motivation-Hygiene Theory），因为它能提供直接而实用的建议，尤其是在士气低落的情况下更能突出它的作用。在本节最后，我们还提供了一些其他重要的思想和框架的链接，比如亚伯拉罕·马斯洛的需求层次理论、道格拉斯·麦格雷戈（Douglas McGregor）提出的 X 理论和 Y 理论（theories of X and Y）及戴维·西洛塔（David Sirota）的三因素理论（three-factor theory）。

赫茨伯格观察到，人们对自己的工作不满意的事情（保健因素）与满意的事情（激励因素）是有区别的。比如，如果人们觉得自己拿到的工资低于他们工作的合理工资，就会失去动力，但是如果工资远远高于市场行情，可能只会产生有限的或短期的激励效果。表 9.1 显示了赫茨伯格提出的不满意因素和满意因素。

表9.1　弗雷德里克·赫茨伯格的不满意因素和满意因素

不满意因素	满意因素
公司的限制性政策	取得成就的机会
糟糕的管理	认可
与上司和同事关系不好	工作本身
令人不满意的工作环境	责任
非竞争性工资	进步
社会地位低下	个人成长
缺乏工作保障	

资料来源：Herzberg 1968。经 Harvard Business Publishing 许可转载。

那么，如何使用这个模型呢？答案是与你的团队成员谈谈他们自己及其工作进展情况。如果士气低落，人们似乎没有动力，那就听一听那些让他们不满意的事情。提出一些合适的问题以了解更多的情况，然后处理这些事情——在你完成这些之前，先不必去激励和激发任何人。一旦做完这一切，你就可以运用积极的激励因素——例如，完成工作的方式和合理的职位设计。

当然，做这些事情要花很多时间，但使用赫茨伯格的理论是你能做的最重要的事情之一，它可以帮助你把消极不满、运转不佳的团队转变成充满热情、成就非凡的团队。

小贴士

不同的人可能会有非常不同的激励因素。因此，你要对员工有所了解。只有那样，你才能够处理那些令他们感到不安的事情，并帮助他们塑造工作，从而让工作本身成为他们的激励因素。定期举行一对一会议真的很重要！

了解更多关于赫茨伯格的激励—保健理论的内容：http://mnd.tools/51-1

了解更多关于马斯洛的需求层次理论的内容：http://mnd.tools/51-2

了解更多关于 X 理论和 Y 理论的内容：http://mnd.tools/51-3

了解西洛塔的三因素理论的内容：http://mnd.tools/51-4

了解更多关于丹·品克（Dan Pink）的自主性（autonomy）、掌控力（mastery）和使命感（purpose）框架的内容：http://mnd.tools/51-5

52. 有效地与不同世代的人一起共事（了解不同的代际特征）

了解如何激励员工的另一个重要方面是意识到他们的年龄和职场经历，以及这些因素如何影响他们对世界的看法。

本书中的许多建议都基于这条黄金法则：要以你希望别人对待你的方式来对待别人。这条法则自古有之，现在仍然存在于许多不同的文化和宗教中。这是一条在日常生活和工作中对我们所有人都有帮助的法则。（我们有时候需要给出坚决的回复，做出艰难的决策，但我们可以采用更为人性化的方式。）

这条法则对于理解他人是一个良好的起点，但是如果运用得过于死板，可能会使人误入歧途。例如，不同国家的文化差异很容易引起误解，这就需要我们对文化差异保持敏感（我们将在第 64 节对此进行讨论）。本章关注的是另一方面的差异，即代际差异。许多作家都认为，在美国"婴儿潮"一代（出生于 1946—1964 年）、X 一代（出生于 1965—1979 年）和 Y 一代（出生于 1980—1995 年）之间存在显著差异，而这些差异对工作的动机、兴趣和期待都有着很大的影响。

- 在美国，当婴儿潮一代踏入职场时，职场中还主要是白人和男性。现在，在性别和种族、同性恋婚姻和跨性别者权利、文化遗产等诸多方面，职场呈现出多样化的特点。X一代和Y一代的年轻员工们在新世界里长大，往往形成社会自由主义价值观，拥有更强的自尊心、自信心和创造力。

- 婴儿潮一代在一条稳定的事业道路上成长，在这条道路上，转行到更有趣的职业是需要"付出代价"的。而Y一代的经历则没那么平稳，这也许意味着他们与组织之间的关系较弱。他们往往更多地关注快速的事业发展，与老一辈人相比，他们侧重于利己主义和以自我为中心，有着更强的跳槽和不走寻常路的意愿。

- 技术变革，尤其是互联网的到来，极大地影响了年轻一代理解世界的方式。由于Y一代是手持操纵台和键盘长大的一代人，所以他们经常被称为"数字原生代"。这不仅改变了他们彼此交往的方式，还可能使他们比以往更有能力，对权威人物或许也不那么迷信。

- 研究中另一个有趣的发现突出表明，人们对待反馈和认可的态度在不断变化。婴儿潮一代对此不太习惯，所以可能不会自然地想到给予别人太多反馈和认可。然而，Y一代对大量的反馈（通常是正面反馈）习以为常，所以经常期待获得实时反馈。

虽然这些差异很重要，但有几点需要注意。首先，除了这些差异，有些事情在几代人之间几乎没有发生改变。例如，有研究表明，每一代人对于维持工作和生活之间的良好平衡都很重视，他们都想接受挑战并参与决策制定，大多数人喜欢团队协作，谁不想为自己所做的工作而获得公平的报酬呢？

其次，有些观察者说代际差异被夸大——他们认为，我们仅仅是看到了同一工作环境中年轻员工和年长员工之间的差别，而没有看到代际转变。他们还表示，我们迎合了年轻的Y一代员工的假想的需求，这么做是在冒险制造一个自证预言。

然而，假设这些看法存在着一些真实性（我们相信确实存在），你如何运用它们以成为一名更好的老板呢？答案很简单，就是把它们融入到你的管理风格之中，这样你就能够适应你的员工那些特别的期待。例如，如果你是婴儿潮那代人，管理着一个由 Y 一代员工组成的团队，不要认为他们会把一个稳定的、长期的职业角色当作好事；相反地，看看你是否能创造性地为他们在不同领域提供新的机会吧。同时，不要抵触他们在虚拟世界中或者使用微博开展工作的偏好（Y 一代认为电子邮件是老古董了），还要更加积极主动地给予认可和表扬。

如果作为管理者的你能够做到这些，那么你不仅会成为好老板，还会更擅长为你的团队吸引和留住人才。这将对团队绩效产生重大的影响！

了解更多关于代际差异的内容：http://mnd.tools/52

53. 培养情商

为了成为有效的管理者，你需要以身作则并且懂得如何激励和管理个体员工。然而，你还需要做更多的努力才能成为人们自愿追随而不是被迫追随的管理者，这时候培养情商便显得尤为重要。

情商（EQ）一词的流行源于丹尼尔·戈尔曼（Daniel Goleman）于 1996 年出版的著作。它涉及认识并管理自己的情绪，并以一种积极巧妙的方式与他人相处。为低情商的管理者工作可不是什么令人愉快的事——他们反复无常又不切实际，看不到问题，制造的麻烦和解决的麻烦一样多。没有人愿意为这样的管理者工作，这样的管理者也很难激励团队和留住人才。相比之下，高情商的管理者会赢得尊敬和支持，他们很容易激励人们做出一番成就。

那么，什么是情商？如何培养情商呢？戈尔曼给出了 5 种要素。

（1）**自我认知（Self-awareness）**——高情商的人能适应自己的情绪和直觉。他们"听从"情感的指挥并对这些情感所传达的、常常是富有洞察力的信息做出回应。他们清楚自己的优势和劣势，并能巧妙地加以管理。注意我们在第 1 章里提到过自我认知——大五人格理论、个人 SWOT 分析、写日志和认知重建都是培养自我认知的有效方法。

（2）自我调节（Self-regulation）——这指的是控制你的情绪并避免做出粗心大意、冲动任性的决定。我们在第 3 章提到过这一点——压力日志可以帮你控制所经受的精神压力，STOP 法可以帮你控制愤怒，倒 U 模型可以帮你调节所承受的外在压力水平。

（3）自我激励（Motivation）——高情商的人都善于自我激励——他们知道自己想要什么，并付诸行动去实现它。目标设定和自信（第 3 节和第 4 节）是自我激励的基础，我们在前文讨论了激励的基本理论。

（4）同理心（Empathy）——这是将你周围的人们的需求、需要和情感结合起来的能力。同理心帮你了解他们的激励因素，以及如何应对他们的需求。显然，正念聆听（第 50 节）是同理心的一个关键部分，因为它注重非语言沟通。了解更多关于同理心及培养同理心的方法，参见下面的链接。

（5）社交技能（Social skills）——社交技能与有效沟通（参见第 11 章）、有效地化解冲突（第 76 节）、恰如其分的自信及展现高度的个人正直有关（了解更多相关内容，同样参见下面的链接）。

情商是一个非常宽泛的概念，正如上文指出的那样，包括了本书所述的许多具体的技能和概念。培养这些技能需要实践和经验，但它们都是成为一名卓有成效并受人尊敬的管理者的重要因素。

了解更多关于培养情商的内容：http：//mnd.tools/53-1

了解更多关于培养同理心的内容：http：//mnd.tools/53-2

了解如何理解非语言沟通：http：//mnd.tools/53-3

发现如何表现出恰如其分的自信：http：//mnd.tools/53-4

学习如何展示出个人的正直：http：//mnd.tools/53-5

资料来源：改编自 Goleman 1995。经 Pearson Education，lnc 许可转载。

54. 激励员工不断超越（变革型领导力）

本章所讨论的技术将会让你在理解和激励员工方面走得很远。但是，为了充分发挥员工的潜能，你需要做进一步的努力——激发他们的激情并让他们感受到生活的意义。变革型领导力（transformational leadership）这一概念的作用就在于此。

从你自身的角度展开思考。有很多因素影响你工作的努力程度，其中包括工作本身的性质、对工作的兴趣度及与同事关系的质量。但除了这些因素，老板的领导技能也同样会影响员工工作的努力程度：有些老板虽然由于某些原因可能不被我们完全理解，却能激励我们付出额外的努力，而有些领导则无法唤起我们的热情。

根据颇有影响力的心理学家伯纳德·巴斯（Bernard Bass）所说，要想成为一名变革型领导人，你需要做 4 件主要的事情。

（1）**以身作则**。如果你想让员工在道德修养、行为举止等方面有合乎你心意的表现，那么你就要在这些方面为他们树立一个良好的榜样，这样才能够鼓舞员工认同你并产生模仿你的想法（我们在第49节对此进行了讨论）。

（2）**给予员工智力上的鼓励**。鼓励员工努力成为最好的自己，可以采用以下方法：公开讨论想法、以非威胁的方式质疑他们的假设、促使他们从不同的角度看待问题、鼓励他们创新。此外，只要他们在工作中已经尽了最大的努力，即便出了差错，你也应该支持他们。我们在第 6 章到第 10 章对如何做到这一点进行了部分探讨。

（3）**帮助你的员工实现自我成长**。了解每一位员工个体，关注他们希望的成长方式，指导并支持他们充分发挥潜能。我们将在第 12 章和第 13 章对此进行更多的讨论。

（4）**用有吸引力的未来愿景激励员工**。帮助你的团队理解组织如何让世界变得更美好，由此向员工描绘一种积极向上、充满吸引力的未来愿景，而他们的努力工作将有助于实现这一愿景。令人欣慰的是，如果你去寻找，就会发现许多企业——无论其业务是废物收集、食品配送，还是大件家用电器生产——都给自己赋予了真实的意义（将使命陈述转化到个人层面，参见第 26 节和第 27 节）。

想一想过去某个老板使用如此鼓舞人心的方式带领你工作时，你很可能为其拼命工作。而现在令人兴奋的是，你也可以成为这种具有感召力的老板，只要付出必需的努力，你就能够在你的员工身上激发出同样的热情。

理解并激励员工的其他技术

在如何理解并激励员工这个话题上，读懂肢体语言和观点采择（perspective taking）这两种重要的技能和方法并没有入选我们的调查。但它们仍然是非常重要的，你可以在 http：//mnd.tools/c9c 上了解更多的相关内容。

第 10 章
充分发挥团队成员的潜能

基于前一章的讨论，作为老板，你的首要目标是充分发挥团队成员的潜能。如果说第 9 章着重探讨老板如何激励和鼓舞周围的人，那么本章则将重点转向团队成员所做的工作。换句话说，你如何架构团队成员的角色和责任并确定适当的干预方式，从而使他们能够尽最大努力做好工作。

人们常说管理他人是一种"不自然的行为"，也就是说，它要求我们按照一些方式做事情，而这些方式对我们来说会来之不易。许多管理者由于效率高、业绩突出而在组织中得以晋升。他们很好地完成了先前的工作，取得了良好的成果，并获得成功带来的表扬与认可。但是这些人一旦被赋予重要的管理职责时，则需要掌握一套完全不同的技能。例如，把一些有趣的项目委托给其他人，让员工站在聚光灯下并赞扬其工作做得出色。除此之外，还要把更多的时间投入到工作中"人"的方面而不是"任务"的方面。

许多管理者面对这一转变感到无所适从，这并不奇怪。学会如何通过他人来完成工作需要时间，而有的管理者永远都无法掌握有效授权之类的技能。如果你看到某个无法正常运作的工作场所，那么各种问题的共同根源往往在于高管们，他们不懂得授权与责任的基本原则，所以凡事都要"事必躬亲"。管理思想家查尔斯·汉迪（Charles Handy）曾经指出，永远不要窃取别人的决策。

本章将提供一些关于如何充分发挥团队潜能的具体建议。我们首先介绍有效授权的实用技巧（第55节），接着我们提供一个有效的框架（RACI）来帮你弄明白谁负责什么（第56节）。

这些技术侧重于具体的角色与责任。同时，我们还将提供改善与他人的关系的3种技术。给予工作出色的员工有效的表扬和认可（第57节），这是一种公认的增强员工自尊心、鼓励他们今后再接再厉的方法。建立团队成员的自信（第58节）是培养团队成员的技能和动机的一套更为宽泛的技术。最后，我们描述赫伦（Heron）的6种干预类型（第59节），这一框架可以帮助你根据团队成员面临的具体情况来思考正确支持他们的方法。

55. 有效授权

授权（delegation）是管理者需要培养的关键技能之一。一天只有那几个小时，一个人能做的工作也只有那么多。随着你事业的发展，会有越来越多的工作需要你负责完成，当工作量超过一定的限度时，唯一能做的就是把大量的工作委托给其他人。

有效授权是好的做法的另一个原因是，它对那些为你工作的人有好处。大多数人都渴望在某种程度上掌控自己的工作。换句话说，来自上层的持续的微观管理，使你的一举一动都在老板的监视之下，这既令人讨厌又使人变得消极。如果授权使用得当，它是赋予人们期望得到的自主权的最好方法。授权让人们能够运用自己的智力和技能，充分发挥自己的优势，取得强劲的业绩。

那么，既然授权如此重要，为什么有人仍然觉得授权难以做到？首先，授权是一种技能，像其他所有的技能一样，你需要不断练习并为之付出努力。其次，你作为某项工作的委派者，仍需要对它的成功交付负全责。这就意味着你要不断加深对授权对象的信任，相信对方能把任务做好，而这需要时间。

授权的出发点是审视你所做的工作，思考哪些方面可以委派出去。你可以连续几周记活动日志（第8节），然后查看日志看看哪些任务可以委派给别人去做。想一想可以把这些任务委派给哪些团队成员——你应该去选择一个能够快速掌握必备的技能，并且有时间、有动力把任务做好的人。（如果具备必要技能的人不止一个，那就把工作委派给级别最低的那个人，否则你将把最高效的员工埋没在大量单调乏味的工作中。）

然后，与他们讨论你想让他们做什么。达成共识后记录以下内容。

（1）你想要看到的结果以及这一结果如何有助于达成团队的使命。

（2）他们拥有的权限级别。他们是否需要遵循准确的指令？他们是否需要在行动之前提出行动方案并获得你的批准？他们是否有权"先斩后奏"，先去做自己认为对的事情，再汇报结果，还是不用报告也可以继续工作？

（3）他们能够获得的资源、支持和培训。

（4）他们的任务目标和完成任务的最后期限。

（5）你们将在何时开会审查进程。

（6）任务边界——他们不准做的事情。

记住，当你第一次授权给别人时，任务完成的时间会比你预期的要长，而且结果很少能完全符合你的预期。（要谨慎对待这些情况，默默地在你们商定的项目日程表中为需要进行的返工留出时间。）但是，通过提供反馈，你可以在第二次或第三次授权中看到更快、更好的工作结果。随着每次成功的迭代，你将更加信任这个人，对他或她的监督也会越来越少。但是，不要忘了你最终要对任务的成功交付负责——你不能放弃把工作做好的责任。

了解更多关于授权的内容，包括下载授权工作表：http://mnd.tools/55

56. 要明确谁负责什么（RACI 矩阵）

当你把工作委派给一个团队时，责任问题就变得尤为重要。即便是积极上进、工作努力的人也很容易搞糊涂谁该负责交付任务。如果人们都比较忙碌，往往会认为别人正在处理特定的细节，这意味着可能没有人会注意到这些细节，结果导致任务交付失败。

这就是当你给多人委派任务时需要完全清楚"谁负责什么"的原因。RACI 矩阵就是一种对人们围绕特定的任务或项目所扮演的不同角色进行定义的有效方法。RACI 分别表示：

责任人（Responsible）——这些人做的是交付任务或项目所需要的工作。这一角色可以由多人承担。

负责人（Accountable）——任务为负责人所有，所以他或她要对任务负全责。负责人要确保项目开始进行，并在项目成功完成时签字。

被咨询人（Consulted）——这些人需要对任务提供意见或建议，负责人需要确保咨询的顺利进行。

被通知人（Informed）——这些人要及时了解任务进展情况，但是他们在任务或项目的交付中不扮演其他的角色。

你可以利用 RACI 矩阵将一项任务分解成子任务，然后确定谁是每项子任务的责任人和负责人。表 10.1 是一个简单的营销活动的 RACI 矩阵。

表10.1　营销活动RACI矩阵示例

子任务	拉克希米	米歇尔	胡安	艾琳娜
项目管理	C	A，R	C	C
活动理念	C	A，R	R	R
撰写白皮书	C	A，R	C	R
创建并展示网络研讨会	I	C	A，R	
撰写邮寄印刷品广告	I	A	C	R

资料来源：改编自 Project Management Institute 2017（PMBOK Guide）。

在这个示例中，拉克希米是委托这一活动的高级相关方（senior stakeholder）——人们要在概念和计划的问题上咨询他，他需要知道项目正在以正确的质量水平交付。米歇尔是营销经理，负责活动的成功交付。胡安是销售经理，负责举办该活动的网络研讨会，艾琳娜是支持该活动的营销专员。运用 RACI 矩阵来绘制这一活动，能清楚地知道谁负责什么，确认了米歇尔和胡安各自的责任所在。

> **小贴士**
>
> 运用 RACI 矩阵意味着运用一种自上而下、注重细节的管理方式。这种方式在某些情况下是合适的，但在另一些情况下却并不合适。如果你拥有一个经验丰富的高技能团队，你很可能想让团队成员自行组织来交付项目。即便那样，还是需要有人为项目的成功交付负责。

了解更多关于 RACI 矩阵的内容：http://mnd.tools/56

57. 给予有效的表扬与认可

另一种让你的团队成员茁壮成长的方法是给予他们有效的表扬与认可。作为管理者，我们经常关注的是一些消极的事情——发现问题和纠正错误。从历史的角度对此有一个很好的解释。在人类进化的环境中，我们要注意到自身周围的每一个微小的警告信号，只有这样才能够生存下来。其结果是，我们的大脑本能地对消极的东西变得非常敏感。

然而，要想有效地管理他人，我们应该考虑到他们的需求，这经常意味着做一些对我们来说并非自然而然的事情。其中之一是对那些工作做得好的员工提出积极的肯定、表扬和认可。

我们所有人都喜欢接受理所应得的表扬，即使有时候会感到有点儿不好意思。当我们受到表扬时，大脑中会释放出一种叫作多巴胺的神经递质——当我们达到目标并为此得到别人认可时，它能够带给我们一种温暖的满足感。多么想再次获得那种感觉！

回想一下自己被老师或管理者真诚地表扬的种种经历。你觉得那个人怎么样？你为他又多付出了多少努力？盖洛普咨询公司经过调研发现，乐于助人、合作、准时、出勤和服务年限的显著增加都与经常得到表扬有关。

相反，回想一下很少给予你表扬的管理者。你可能感到不受赏识、闷闷不乐，也可能并没有全力以赴去工作（存在例外的情况，但研究表明，大多数人都是如此）。

因此，即使你从小得到的表扬很少，现在也一定要多去表扬别人。当你走近员工去关注工作的进展时，要把表扬作为一种惯例。当你看到员工做了正确的事情时，一定要真诚地称赞他们。具体说出你表扬的事情，并用适当的方式去表达出来（有些人喜欢公开的表扬，而有些人则会对此感到尴尬，他们更愿意私下听到你的赞美）。

小贴士

要留意不同的文化对表扬的态度不同。因为美国人很习惯于表扬，所以在美国工作时常给予表扬很重要。在其他一些国家，比如德国，人们可能会觉得过多的表扬是不真诚的。

同时，要确保你给予的是诚实且恰如其分的表扬，因为不真诚的表扬会削弱别人对你的信任。

了解更多关于给予表扬的内容：http://mnd.tools/57

---

58. 建立团队成员的自信

真诚表扬的好处之一是能够提高团队成员的自信，进而影响他们的幸福度、主动性及能否在面对难题时不轻言放弃，直至将问题解决。很显然，这是决定许多任务成功与失败的一项关键因素。

我们在第 4 节讨论了个人自信的重要性，也看到了自我效能感和自尊心的区别。自我效能感与某种具体的工作相关，而自尊心是一种更具普遍意义的概念，它与应对我们生活中所发生的事情相关。

你可以像提升自己自信那样来帮助团队成员提升自信。换句话说，你可以帮助他们认识并发挥自身的优势，为他们设立明确的未来目标（包括那些会增强优势的目标），思考他们过去的成功，为他们建立必需的技能和人脉，从而使他们成为做这项工作的不二人选。你也可以采用以下方法。

（1）**为团队成员创造"掌控体验"（mastery experience）**。设立一些小目标，这些目标可以让他们向你和他们自己表明已经掌握了某种技能。然后，逐渐设置更困难的挑战，帮助他们进一步提升自己的技能。

（2）**向团队成员提供成功所需要的培训和信息**。教授他们完成任务的正确方式，提供相关的信息和设备以确保他们能够成功地执行任务。

（3）**将团队成员与资深的工作榜样组对**。正如我们在第49节看到的那样，人们可以通过观察有技能、有经验的人如何解决问题和处理事情学到很多东西。将新来的、无经验的或者缺乏自信的成员与好的职场榜样组队。这样一来，前者就有机会向后者学习，并得到必要的辅导和引导，从而变得更加自信。

（4）**鼓励团队成员**。当团队成员工作做得好时，不要吝啬你的表扬。当他们遇到困难时，也一定要表达出对其工作能力的信任。

（5）**创造有利于团队成员成功的环境**。让他们心无旁骛地培养新的技能；对他们所面临的压力进行适当的管理，以便他们有充足的动力去做好工作，但压力不宜过多，否则在重压之下，他们可能会"崩溃"（参见第17节的倒U模型）。

小贴士

正如我们要规避自身肤浅的过度自信，我们也要让团队成员脚踏实地，帮助他们建立适度的自信。可以通过给予大量的反馈和运用上述方法做到这一点。同时，要让他们了解邓宁-克鲁格效应（Dunning-Kruger effect），即当我们能力欠缺时，往往会高估我们自己的能力；而当我们能力较高时，往往也会高估其他人的能力。你可以通过下面的链接来了解更多的相关内容。

了解更多关于建立团队成员的自信的内容：http://mnd.tools/58-1

了解邓宁-克鲁格效应：http://mnd.tools/58-2

59. 有效地支持你的员工（赫伦的 6 种干预类型）

有许多种方式可以用来支持你的员工，正如前文所述，当情况变得糟糕的时候，给他们一句鼓励的话语或者一个可以依靠的肩膀对他们来说都是莫大的支持。

然而，你能做的远远不止这些。在这里，了解约翰·赫伦（John Heron）提出的 6 种干预类型会对你有所帮助。这 6 种干预类型分别是如下内容。

（1）说明性干预（Prescriptive）——为员工解决问题提供建议、指引方向，告诉他们做什么、应该怎么做。

（2）信息性干预（Informative）——帮助员工了解情况——例如，通过解释这一情况背后的潜在规则或者通过分享工作经验等方式，有效地帮助你的员工。

（3）对证性干预（Confronting）——这种干预是指强调员工可能没有想到的一些行为和态度，让他们去考虑这些行为和态度是否合适。同时，它也可以帮助他们避免一错再错。我们将在第 12 章介绍做到这一点的两种工具——SBI 反馈模型（第 68 节）与 GROW 模型（第 69 节）。

（4）导泄性干预（Cathartic）——你可以帮助团队成员将他们过去可能从没有过的想法和情绪表达出来，对他们表示出同情和理解，帮助他们思考如何应对某种情况。

（5）催化性干预（Catalytic）——这种干预是指鼓励团队成员自己去

思考情况，自己去学习研究，从而让他们更加自主地解决问题。

（6）**支持性干预（Supportive）**——支持性干预关注团队成员擅长的工作，给予他们真诚的表扬，并表示对他们的能力充满信任，由此帮助他们建立自信。这种干预就是为了鼓励那些在工作困境中挣扎的团队成员。

很显然，前3种是专制型的干预方式[赫伦称为权威性干预（authoritative interventions）]。虽然可能取得积极的结果，但也可能让被帮助者感到不舒服，而且你在使用这些方法时也会觉得尴尬。

后3种干预方式[赫伦称为引导性干预（facilitative interventions）]是帮助员工提出他们自己的解决方案，增强他们作为个体的自主性。这些方式更加温和，实施起来也更加容易，但有时候，它们可能会不起作用。

因此，在必要的时候，千万不要放弃给予权威性干预所蕴含的"严厉的爱"！

小贴士

提供情感支持可能是你最不想做的事情，尤其当你在情感上已经筋疲力尽或者有人看上去好像急需情感慰藉的时候。在这些情况下，你一定要向人力资源顾问寻求帮助，因为他们非常善于帮助人们以正确的方式解决问题。

了解更多关于赫伦的6种干预类型：http://mnd.tools/59

充分发挥团队成员潜能的其他方法

有一种技术差点入选我们的前100种重要工具，那就是在自由放任管理（laissez-faire）和微观管理（micromanagement）之间达成恰当的平衡。你可以在http://mnd.tools/c10c上了解更多的相关内容。

第 11 章
有效沟通

在之前的章节中，我们描述了一系列用于理解、激励和支持员工的技术，以便他们把工作做到最好。在这里，我们把目光投向所有好老板都需要的一套特定的技能，即良好的沟通技能。虽然有效的沟通风格多种多样——从夸张华丽到心照不宣——但是还有一些特性为所有良好的沟通者共同拥有。本章将重点探讨这些实质性的问题，为你提供一些非常实用的建议来提高你的书面沟通和口头沟通能力。

有效沟通的出发点是换位思考——站在信息接收者的角度思考问题。在大多数情况下，与你沟通的人非常忙碌并且容易分心。注意力是他们身上最稀缺的资源。如果一封电子邮件令人迷惑不解，他们就会直接忽略它，继续看下一封邮件。如果一个演讲枯燥乏味，他们很快就会低头看起智能手机来。因此，你的任务是长时间地保持他们的注意力，让他们理解你所传达的信息。就这么简单。

我们首先介绍 7C 原则，即良好沟通的关键原则（第 60 节）。这些原则诞生于互联网出现以前，但是它们在现在和以前一样都具有重要的价值。虽然在这里我们主要在书面沟通的背景下讨论它们，但是它们同样适用于口头沟通。

接下来，我们讨论两种实用的技术。一种是学习如何通过精心准备和改进演讲方式成为好的公共演讲者（第 61 节）；另一种是撰写有效的电子邮件（第 62 节），尽管我们通常每天都要发送数十封电子邮件，可还是有很多人难以掌握这种技能。

除了通过演讲或电子邮件这样大多为单向媒介的方式进行沟通，我们也可以用双向互动的方式进行沟通。为此，我们在本章末尾将介绍两种更为广泛的技术。一种是与各级人士建立"高质量联结"（第 63 节），帮助你缩短与他们之间的距离，并建立信任。另一种是有效地进行跨文化沟通（第 64 节），我们将使用荷兰社会学家吉尔特·霍夫斯塔德（Geert Hofstede）的经典框架对此予以讨论。

60. 了解良好沟通的关键原则（沟通的 7C 原则）

当我们与他人沟通时，保持谦逊的说话方式并关注听众的需求是很明智的。那样，我们就更有可能实现目标，也就是把我们的信息传达到位。

遗憾的是，我们太容易沉迷于自我，往往用一种复杂而密集的方式进行写作，试图用我们的知识和专业技能给人们留下印象。如果我们这样做，虽然可能会吸引一小部分专家和狂热者，但是我们会失去更多的读者。

当你撰写信息时，牢记沟通的 7C 原则对你很有帮助。该原则已经在公关行业使用了许多年。根据 7C 原则，一则书面信息应该具备以下特点。

（1）**完整（Complete）**——你的信息应该包含接受者需要的全部信息，回答他们可能会有的常见问题。当谈论已经发生的事情时，你要表达清楚何人、何事、何时、何地及何种原因。如果你想让信息接受者做点儿什么，就要发出一个明确的行动指令。

（2）**清晰（Clear）**——仔细而准确地使用词语。不用较长的词语，要用简短的词语。把复杂句分解成简单句。

（3）**简洁**（Concise）——你的信息要尽可能简短，略去某些不必要的词语和赘述。记住，你的读者很忙碌，也容易分心。

（4）**明确**（Concrete）——你的信息要以现实为基础。要注重事实、数字、行动和鲜明的图像，而不是理念和泛泛之谈。

（5）**周到**（Considerate）——专注接受者的需求。你要进入他们的脑海，了解他们想要的东西，按照他们想要的方式把这些东西传达给他们。

（6）**礼貌**（Courteous）——你要了解受众的价值体系，以尊重他们的价值体系的方式来撰写你的信息。

（7）**正确**（Correct）——拼写、标点符号、语法和语流的准确性很重要。一定要仔细检查所有这些方面，确认数据来源的可靠性。如果你所在的组织有写作风格指南，可以使用它。

了解更多关于 7C 原则的内容，包括了解 7C 的其他变体：http：//mnd.tools/60

资料来源：改编自 Cutlip and Center 1952。经 Pearson Education, lnc 许可转载。

61. 成为好的公共演讲者

无论是举办网络研讨会，向高级管理者展示计划，在会议上发言，还是向团队汇报情况，我们都需要不时地在公共场合讲话。即使是最有经验的主持人，他们在做这些事时也会感到肾上腺素飙升，而对于有些人来说，真是可怕至极！

在公开场合讲话感到有点儿紧张是很正常的。当我们讲得好时，上述"关键时刻"会让我们看上去很棒，可如果我们吞吞吐吐或说错了话，它们反而会让我们难堪。令人高兴的是，通过准备和练习，你完全可以学会如何控制紧张情绪，成为一名出色的公共演讲者。要想发表演讲，你需要经历以下这些阶段：

（1）花大量时间进行准备

你要对演讲的主题谙熟于心，为此，你应该事先对它进行适当的研究，确保呈现出准确可靠的信息。你还要对演讲做一番计划：考虑一下你的听众构成和他们已有的知识储备。他们会对你传达的信息产生好感吗？他们希望从中获得什么？你如何才能完美地传达信息？

然后，关注你的信息结构。像修辞三角（rhetorical triangle）和阿兰·门罗（Alan Monroe）的激励序列（motivated sequence）（参见下面的链接），这些工具都可以提供结构，帮你设计出更加引人注目的信息。讲述商业故事也可以使你的观点更具有说服力。

（2）润色你的演讲，进行大量的排练，并做出计划以应对可能出现的各种问题。

将演讲内容写出来，然后大声朗读，调整用词或幻灯片，直到你能够流畅地进行呈现。

然后，多排练几次，让演讲变成很自然的事。有些人准备了带有关键词的提示卡来辅助记忆；还有些人在幻灯片上设置简明的要点以提供逻辑结构。要不断地排练，直到你能脱口而出。同时，你也可以将练习过程拍摄成视频，找出并纠正任何可能会引起听众不满的手势或习惯。

如果你准备接受提问，想一想最可能出现的问题和最难回答的问题会是什么，并且要对这些问题的回答过程进行预演。

最后，要确保演讲当天不会发生什么意外的情况。你应该提前去演讲的场地，熟悉演讲环境，还要准备备用方案，以应对设备故障或损坏的情况。如果需要展示幻灯片，你还要确保你的笔记本电脑能够连上投影仪和音频设备。此外，适当为自己预留一些发挥空间，以便把最好的自己展现出来。

（3）控制你的肾上腺素飙升，自信地表达，并享受这样的体验！

在演讲前的几分钟里，你会感觉到肾上腺素在体内涌动。做几次深呼吸，运用适当的放松技术让自己冷静下来。你可能蓦然发觉自己在为这次演讲感到焦虑——这时候，你要积极思考，想象成功，提醒自己的演讲"与他们相关"而与你无关，这会有助于你减轻焦虑感。同时，提醒自己已经做了非常充分的准备——这十分有利于增强你的自信。

在演讲的时候，你要挺直站立，放松肌肉，眼睛注视观众。如果觉得自己说得不够流利也不必担心——因为人们会在心理上对别人说的话进行编辑加工，所以听起来你会比你想象的更加能言善辩。

一般情况下，你应该避免将演讲内容逐字逐句地读出来。让字句从记忆里自然地流出，还可以使用你事先准备的提示卡。如果你做好了准备并进行了充分的排练，你一定会表现得很好，希望你会喜欢上这种体验！

了解更多关于修辞三角的内容：http://mnd.tools/61-1

了解更多关于门罗的激励序列的内容：http://mnd.tools/61-2

学习如何讲述有效的商业故事：http://mnd.tools/61-3

了解更多关于成为好的公共演讲者的内容：http://mnd.tools/61-4

62. 撰写有效的电子邮件

电子邮件如果使用得当，是一种极好的沟通渠道，它可以让我们快速分享信息，发出明确的指令，并促使他人积极采取行动。如果使用不当，则会浪费时间，徒增烦恼。

许多人每天会收到几百封电子邮件，对它们进行筛选以获取重要的请求或有价值的信息，会给我们带来巨大的工作量。没有人愿意仅仅为了实现"收件箱零邮件"而大费周章地去处理那些马马虎虎写成的电子邮件。

因此，当你要发送电子邮件时，一定要让它易于阅读、处理和回复。以下是一些有用的技巧。

（1）**不要通过电子邮件进行过度沟通**。如果你能通过直接交谈更快地得到答复，就不要发送电子邮件。如果你的信息内容繁杂，容易引起误解，最好通过开会进行沟通。最重要的是，不要发送可能会让人感到不安的电子邮件——你需要亲自去传达这类信息，这样你就可以实时地观察对方的反应，一旦你的信息被错误地理解，可以及时予以纠正。

（2）**主题行要清晰、简洁**。简要地总结一下电子邮件的内容，如果有最后期限，要把它写上，并注明邮件的优先级别。这有助于收件人决定是否查阅电子邮件。

（3）**集中于一个主题**。例如，不要在同一封电子邮件中既询问某个项目的问题，又探讨人力资源方面的问题。否则，收件人可能会很好地处理你的第一个主题，而完全忽略了第二个主题。相反，你应该分别发送不同的电子邮件，或者至少在同一封邮件中将你的要点进行编号。

（4）**邮件要简短且切中要点**。要给收件人提供他们需要的信息，但要尽量做到言简意赅。人们都希望在几秒钟内就能了解到电子邮件的核心内容，冗长或繁杂的邮件通常会被留到以后处理。

（5）**要有礼貌，注意语气**。在发送之前，从收件人的角度阅读电子邮件。确保邮件使用了积极的语气，没有可能会被误解或被错认的信息。那些仓促写成或不严谨的电子邮件很容易惹恼收件人。

（6）**仔细校对电子邮件**。检查拼写、语法和标点符号是否正确。各个层面的人会以此来评判你的专业性和对细节的专注度，所以要确保他们对你做出积极的评判。

了解更多关于撰写有效的电子邮件，包括查看上述要点的示例：http：//mnd.tools/62

---

63. 与各个层面的人建立良好的工作关系（创建"高质量联结"）

要想有效地与他人沟通，我们需要与之建立开放、信任的关系，这样才能更容易接受彼此的信息。那么，如何才能建立这些"高质量联结"（high-quality connections）呢？

根据心理学家简·达顿（Jane Dutton）的观点，建立高质量联结——包括培养稳固的工作友谊——有助于我们提高工作效率，变得更健康，增强压力承受力，提高工作投入度，通常也更容易获得成功。她提出可以通过以下方式建立高质量联结。

（1）**带着尊重的态度去与人交往**。其中包括：守时；当你与他们交流时，要保持精神集中；说话时保持热情、坦诚和真实的态度；正念聆听；以一种积极的、成人间的方式进行沟通。

（2）**帮助他人**。例如，通过与他人分享知识或者直接帮助他们实现目标来鼓励和支持他人。也许在他们融入新的组织时，我们可以把他们介绍给组织中的人认识，帮助他们在新的行业与我们的熟人建立人际关系网。我们还可以调整自己的日程安排，帮助他们在应对家庭生活的挑战的同时开展工作。

（3）**建立信任**。信任指的是对他人表现出诚信和可靠，同时相信与我们合作的人同样如此。当我们包容别人，向他们委派工作，要求他们给予反馈，（巧妙地）在他们面前暴露自己的缺点时，我们就是在对他们表现出信任。

如果你还没有和周围的人一起做过这些事，那就去做吧。当然，这需要一些思考和努力，但建立良好的工作关系能够带来巨大的好处！

小贴士

建立信任并不是天真地轻信他人。当涉及金钱和重大的个人利益时，即使最值得信赖的人在某些情况下也会变得"不可靠"。关键是要用专业的方式应对各种情况，以便明智地管理风险并做出适当的控制。

同样值得注意的是，有些人真的只考虑自己。要警惕黑暗三联征（dark triad），即自恋（narcissism）、马基雅维利主义（Machiavellianism）和精神病态（Psychopathy）这3种黑暗的人格特质，你可以通过下面的链接了解更多的相关内容。

了解更多关于建立高质量联结的内容：http：//mnd.tools/63-1

了解更多关于黑暗三联征的内容：http：//mnd.tools/63-2

资料来源：改编自 Dutton 2003。经 John Wiley & Sons，lnc 许可转载。

64. 有效地进行跨文化沟通（霍夫斯泰德的文化维度模型）

跨文化沟通是管理者必须掌握的微妙技能之一。近年来，随着更加多样化的劳动力、虚拟团队合作和全球供应链的出现，这一技能变得尤为重要。

我们都知道来自不同国家和不同文化的人们之间存在着种种差异，我们也看到了这些差异引起的很多冲突。因此，增强跨文化敏感性、了解你自己的文化与其他文化的差异是很值得做的事情。

吉尔特·霍夫斯泰德（Geert Hofstede）的文化维度模型（cultural dimensions model）为跨文化管理提供了一种有用的方法。自 20 世纪 70 年代以来，这一模型历经多次迭代，最新版本从 6 个维度对各国的文化进行了分析和比较。

（1）**权力距离**（Power distance）。这是指掌权者和无权力者之间的不平等程度。在高权力距离的国家，比如马来西亚或印度，那些国家的人们倾向于服从权威，不会在没有上级允许的情况下擅自采取行动。相比之下，低权力距离国家，比如英国或新西兰，那些国家的人们更有可能表现出主动性，乐于接受授权，并希望参与决策过程。

（2）**个人主义和集体主义**（Individualism/collectivism）。它描述了社会中人们融入群体的程度。相对而言，像美国这样的国家崇尚个人主义，所以那里的人们会自力更生，习惯于主动采取行动，很乐意与不熟识的人做生意。相比之下，亚洲和南美洲的大多数国家相对崇尚集体主义，所以那些地区的人们对社区或者工作群体有很强的认同感，乐于承担群体压力，更愿意与熟识的人做生意。

（3）**男子气概和女性气质**（Masculinity/femininity）。这一维度着眼于男女性别角色分配，强调对传统性别角色的态度。日本在男子气概方面得分较高，所以那里的人们非常看重竞争和胜利，担任高级主管职务的女性很少。相比之下，像瑞典这样的斯堪的纳维亚半岛的国家，在女性气质方面得分较高，所以那里的人们更倾向于通过达成共识进行更多的工作，他们更加重视工作与生活的平衡。

（4）**不确定性规避**（Uncertainty avoidance）。这指的是人们应对焦虑和不确定性的能力如何，以及人们在生活中希望有多少可预测性。例如，希腊和日本在不确定性规避方面得分非常高，那些国家的人们倾向于抵制激进的变革，他们更追求职业安全感。相比之下，新加坡和瑞典在这方面得分率非常低，那些国家的人们更容易适应外部环境的重大变化。

（5）**长期取向和短期取向**（Long-term/short-term orientation）。这指的是人们如何把过去和未来联系起来。它特别有助于人们理解为什么有些国家比其他国家发展得更快。例如，中国有一种长期文化取向，那就是倡导勤俭节约，坚持不懈，适应不断变化的环境，而像加纳和尼日利亚这些非洲国家有一种短期取向，在那些地方传统是神圣不可侵犯的，行为也是根植于过去的。

（6）**放纵和克制**（Indulgence/restraint）。这指的是人们在多大程度上感觉到自由自在和轻松愉快。生活在放纵程度低的国家（如俄罗斯）的人们受到社会规范的制约，可能表现出悲观情绪。相比之下，生活在荷兰等放纵程度高的国家的人们更有可能看重闲暇时间，保持积极的态度，享受生活的乐趣。

那么，如何使用这个框架呢？第一步是要意识到这些差异，当你遇到来自不同文化背景的人时，会有助于你更好地理解和包容他们的行为方式。例如，许多美国人在第一次见到亚洲人时，会认为亚洲人是被动和害羞的，但这可能是他们自己的个人主义世界观的一种反映。

第二步是，如果你想更详细地分析这一框架，可以访问霍夫斯泰德网站，看看你自己的文化与团队成员们的文化有什么不同。在这种情况下，你需要成为一名"侦探"，去探明哪些文化维度最为相关。当然，要记住霍夫斯泰德的分析是非常宽泛的——有许多人不符合他们的民族文化定型。

第三步，基于这种深入的了解，你需要做好准备去改变你的管理风格。例如，像授权和头脑风暴这些方法在高权力距离或集体主义的群体中往往效果不佳。好老板的特征之一是能够适应并调整自己的工作方式，以适应团队的需要。

了解更多关于霍夫斯泰德的文化维度理论的内容：http://mnd.tools/64-1
访问霍夫斯泰德的网站比较不同的文化：http://mnd.tools/64-2

资料来源：改编自 Hofstede 2010。经 Geert Hofstede B.V. 许可转载。http://geerthofstede.com.

有效沟通的其他技术

沟通是一个很大的话题。要想成为沟通达人，你还需要学习很多技能，其中包括没有入选我们调查的两种特别重要的技术。你可以在 http://mnd.tools/c11c 上了解更多的相关内容。

第12章

雇用和培养好的员工

作为管理者，你所做的许多工作，比如制定决策、解决问题、主持会议及处理棘手的情况，都是在当下进行的。然而，当你放眼长远，重新审视自己的角色时，很快就会意识到你最重要的一项工作是雇用和培养好的员工。的确，对你的组织产生持久影响的最佳方法之一就是招聘才华横溢的员工，让这些人环绕在你周围，进而吸引其他更多的优秀人才。

为了使员工得到良好的发展，你需要进行细微而重要的视角转换。管理和组织的传统逻辑开始于界定某项要做的工作，这项工作再被分解为具体的任务，然后将那些任务分配给员工。这种机械的方法通常是有效的，但是它把员工当作可替换的零件来对待，因此他们很少有机会充分发挥自己的潜能。

另一种逻辑是将管理看作"帮助员工全力以赴地工作"。这就意味着首先要关注员工的技能、积极性和抱负，然后把注意力放在如何把它们的作用发挥到极致。当然，你仍然要确保完成所有必要的工作，但是视角的转换可以帮助你在管理员工时把他们的需求放在首位。

在本章中，我们将着重介绍5种工具和技术，帮助你雇用和培养好的员工。有效地设计职位（第65节），涉及考虑如何将某一特定的角色与更广泛的组织目标联系起来，并由此合理安排这一角色，以激发员工的内在动力。

同样地，有效招聘（第66节）不仅仅是要找到相关经验符合所有招聘要求的人，还要努力了解求职者已形成的胜任力和世界观。那样，你就可以为团队招聘到合适的求职者，他们所拥有的价值观和能力能够使他们在新的角色中表现超群，实现更好的个体发展。

要想建立拥有一定整体能力的团队，技能矩阵十分有用（第67节）。这一技术可以帮助你绘制出个体员工的能力，并将其与做好一项工作所必需的特定技能进行对照，这样你就能够确定特定员工的发展机会，并且发现任何所需要填补的差距。

给予有效反馈也是你应尽职责中至关重要的一部分（第68节），尽管大多数管理者说他们不擅长做这方面工作，也不是特别喜欢这方面工作。我们将描述SBI工具，把它作为向个体员工提供反馈的一种实用且有效的方法。最后，对员工进行教练式辅导（第69节）进而让他们理解个人发展的机会并付诸行动，这是帮助他们从长远的视角审视自己工作的一种方式。我们认为GROW模型在此方面是一种有用的技术。

除了这些具体的技术以外，你还需要提醒自己，你的职责是发挥员工的最大潜能。这很容易陷入"任务模式"（task mode），仅仅将当下最容易或最省事的任务分配给员工。你要尽可能地抵制这种诱惑，寻找创造性的方法来培养和发展员工，使他们能够成为最好的自己。

65. 有效地设计职位（以激励为中心的职位描述）

要想成功招聘新员工，你需要首先弄清楚你想让这个职位上的人做什么，所以就有了职位描述（job description）的概念。然而，好的职位描述不仅仅是列出一连串工作职责——它们把职位与组织使命联系起来，让员工意识到为什么这一角色具有重要的意义。

这种认为工作应该有意义的观点已经出现了好几次——在MPS方法（第

21 节）、对变革型领导的讨论（第 54 节）、使用 OGSM（第 26 节）和 OKRs（第 27 节）来安排工作以及赫茨伯格的激励—保健理论（第 51 节）当中均有所体现。

要想雇用好的员工，从一份完善的、注重激励的职位描述开始是很重要的。要起草这样一份职位描述，需要遵循以下步骤。

（1）详细地了解这个职位。 从组织的角度明确该职位的设立目的，并与现有任职者交谈，了解他们的工作细节。分析人们的日常工作内容，做好工作所需要的技能和经验，以及那些在工作岗位中发展很好的员工的性格特征（第 1 节）。

（2）确定员工需要取得的重要成果。 职位随着时间推移而发展，个人在做什么和实际需要什么之间可能会逐渐产生分歧。同时，做同样的事情可能有好几种方法，人们可以用不同的方式取得相同的结果。这就是为什么要注重确定目的和关键结果（第 27 节），而不是准确地说明员工应该如何完成工作的原因。

（3）撰写职位描述。 你的职位描述可以分为以下几部分。

岗位标识（Position identifiers）——清楚地标明职位名称，团队和部门、岗位的汇报关系，呈现给任职者的岗位职责及职位的薪金级别。设置以客户为中心的职务头衔——例如，成功的客户经理而不是账户经理。

职位目标（Job purpose）——具体说明该职位如何促进达成团队和组织的使命，并将目标和关键成果浓缩为易于理解、鼓舞人心的目标陈述。

关键成果的描述（Description of key results）——具体说明员工应该取得的关键成果，这样他或她就有明确的努力目标，并能够从实现这些目标中获得满足感。当你这么做的时候，要确保所要求的关键成果与该职位的高成就者的性格类型相符，这样，具有这些性格类型的员工可能会觉得该职位具有吸引力。

胜任力要求和胜任力发展（Competency requirements and competency development）——确定取得关键成果所需要的知识、技能、才能、学历、资格证书和经验水平。除此之外，还要规划出该岗位未来的职业道路及你期待任职者要进行的技能发展。

个人特征（Personal characteristics）——描述你希望新员工具备的性格特质和价值观，还有他们所需要的人际交往技能，以及其他必备的技能、学历和经验。

其他要求（Other requirements）——最后，详细说明工作所涉及的任何费力或艰难的方面——例如，不舒适的工作条件、超负荷的体力劳动、非标准的工作时间或者经常出差。这些事情需要从一开始就要明确，以免新员工在开始工作时遇到这些令人不快的意外。

有了一份清晰的、经过深思熟虑的、以激励为中心的职位描述，即一份精心设计的职位，就更容易创造出引人注目的招聘广告，吸引优秀的求职者加入你的组织，进行有效的招聘，充分发挥出新员工的潜能。

小贴士

在制订职位描述时，有必要与人力资源团队合作——这是他们工作的核心部分。对于新的角色类型，他们能够利用标准化的职位描述为你设计职位提供良好的起点。他们还会确保职位描述符合国家就业立法。但是，务必要在最终版本中清晰地体现出激励性因素和角色意义——在制订职位描述时，这些内容很容易被"冲淡"或丢失，但是它们的确非常重要。

了解更多关于设计职位与撰写职位描述的内容：http：//mnd.tools/65

---

66. 有效地招聘（基于胜任力的面试）

制定良好的、以激励为中心的职位描述的另一个优点是有助于精心设计极具洞察力的面试问题，而这些问题恰恰是你选拔某个特定角色的最佳人选所需要的。

基于胜任力的面试是一种强调出色完成工作所需要的实际胜任力的招聘方法。它使面试从松散的、杂乱无章的讨论中摆脱出来，让你不再"凭感觉录用求职者"。同时，这种方法将面试转变成集中而详细地探究求职者的能力、经验、举止和价值观的活动。它不仅能帮助你选拔可以胜任某个特定角色的优秀人选，还能帮助你防范无意识的偏见和歧视。

筹划一场基于胜任力的面试，需要从你撰写的职位描述（第65节）中的胜任力要求部分开始。该部分列出了取得你所确定的关键成果所必需的各种胜任力。记住，如果你所在的企业是一个高度专业化的企业，那么很少会有求职者拥有你期望的全部胜任力——你要做的，就是去发掘那些很容易培养出这些能力的人。

然后，关注面试中所表现出的最重要的胜任力。有些人即使根本不适合某项工作，也可能在面试中"侃侃而谈"（这种情况在求职者是经理、销售人员和营销人员等专业的沟通者当中尤为常见）。为了克服这一点，作为面试官的你需要探究面试者在以往工作情景下的实际表现，因为在未来的工作中他们也极有可能会遇到过去的情景。你需要探究他们带给这一角色何种技能、态度和价值观，以此推断在类似的情景尤其是压力之下，他们将有可能如何表现。

在这里，你可以使用 SOAR，即情景（situation）、目标（objective）、行动（actions）和结果（results）来构建面试问题。例如，如果你想了解面试者如何较好地设定并实现个人目标（胜任力），你的问题可能就是：请举例说出让你感到自豪的成绩或成就（情景）。你最初打算做什么？为什么（目标）？为了做成这件事情，你都做了什么？在此期间你克服了哪些障碍？你又是如何克服这些障碍的（行动）？最后又发生了什么（结果）？

通过这样一种结构化、开放式的提问方式，面试者会受到鼓舞而敞开心扉地交谈，这样就能够透露出大量有关他们的价值观、能力，以及优势和劣势的信息。你也可以问一些补充性的问题，例如，"你为什么这么做？"或者"人们是如何反应的？"这会为你提供更多的信息，让你知道这个人在工作场所可能会如何表现。

小贴士

　　基于胜任力的面试可以让你更深刻地了解求职者，但是你不能完全依赖于此。你还应该通过简历来了解他们的资历、经验及职业经历，特别是要了解他们频繁跳槽的原因。

　　测试求职者的技能水平和评估他们的工作质量也是至关重要的。这样做有助于你把那些能为你做好工作的人与很多表面上自信但实际上缺乏胜任力的人区分开来。

了解更多关于基于胜任力的面试的内容，包括其他的问题类型：
http://mnd.tools/66-1

探索招聘时你可能用到的不同的面试问题：http://mnd.tools/66-2

了解更多关于使用"收件箱测试"来测试人们所具备的技能的内容：
http://mnd.tools/66-3

67. 评估个人发展需求（技能矩阵）

　　在你组建起良好的团队之后，下一步要做的就是给团队成员提供发展的机会，这样他们才能获得有效执行任务的技能。毕竟，很少有人在初入职场时就对某项工作拥有"完全成形"的技能。

　　创建技能矩阵（skills matrix）对你思考整个团队的技能水平非常有用。它为你计划如何发展员工提供了良好的起点。表12.1是一个技术矩阵的示例。

表12.1 技术矩阵示例

团队：管理部门		经理：雷金纳德			日期：20××.3.23		
团队	**职位**	研究技能			展示技能		个人得分
		人口普查	出生、婚姻和死亡	遗嘱与遗嘱认证	书面写作	页面布局	图像再加工
杰兹	协调者	2	2	2	2	2	2	12/12
阿伦	代理人	2	2	1	1	2	1	9/12
苔丝	代理人	2	1	1	1	1	0	6/12
帕蒂	代理人	1	1	1	2	2	0	7/12
甄	助手	1	1	1	0	0	0	3/12
萨莉	实习生	0	0	0	0	0	0	0/12
任务得分		8/12	7/12	6/12	6/12	7/12	3/12	
需要具备此项技能的人数		6	6	6	6	3	1	

0 无技能　　**1** 初步掌握技能　　**2** 技能娴熟

这是一个简单的表格，列标题是员工们达到成功所需要的技能，左侧几排列出的是他们的名字。在每个单元格中，你要对某个员工在那类工作中的技能熟练度进行评定。（在这个示例中，0分表示没有某种特定的技能；1分表示只在基础层面上掌握某项技能，但需要在实践中进一步发展；2分表示已经充分掌握某项技能。）

要想为你的团队创建技能矩阵，可以遵循以下步骤。

（1）确定团队成员所需要的技能。完成这一步骤可以通过两种方式：一是分析职位描述；二是询问效率最高的员工，问一问对他们来说把工作做好最重要的技能是什么。把这些技能整理成清单，将它们作为表格中的列标题。

（2）列出团队成员的名字以及他们的职位头衔。将这些依次写在表格的左侧。

（3）确定如何为你的表格编码。在我们的示例中，无技能设定为0，初步掌握技能设定为 1，技能娴熟设定为 2。另一种方案是使用红、黄、绿3 种颜色相间的编码形式。

（4）**衡量绩效水平**。评估每个员工掌握每项技能的水平。与他们谈谈他们所进行的培训和自我发展，重新查看评估结果以了解他们的绩效情况，观察他们的工作质量。

（5）**分析矩阵并采取行动**。看一看你的矩阵，反思是否做到人员的合理配置，以及是否需要进行岗位调整。然后，看一看每个员工需要的技能，并与他们目前拥有的技能相比较，制订让每个员工都能充分发挥效能的计划。

（6）**定期查看矩阵**。定期查看你的矩阵，让员工发展成为你心目中最重要的事，从而使你的工作充满生机活力。

了解更多关于构建技能矩阵的内容：http://mnd.tools/67

68. 给予有效的反馈（SBI 反馈模型）

技能矩阵可以帮助你以一种形式化的方式思考员工的个人发展问题。作为管理者，你还应该把它和给予个体员工的日常工作反馈及教练式辅导结合起来。（我们将在第 69 节对教练式辅导进行讨论。）

反馈对于个体的发展至关重要——通过反馈，人们可以知道他们正在做的事情是否有效。反馈强化了有益的行为，也让人们深刻认识到如何纠正无益的行为。反馈通常还是人们回到正确的轨道上所必需的。

然而，作为管理者，很容易提出不好的反馈。如果那样，反馈反而会对你造成不良的影响，同时也会破坏你与员工之间的关系。当你给予反馈时，以下内容值得注意：

尽量多给正面反馈，少给负面反馈。每当你看见某人工作做得好的时候，一定要告诉他们。这样一来，你会强化好的行为，而当你不得不传达令人感到不舒服的反馈信息时，人们也会理解你是站在他们这边的。

反馈要及时。只有那样，人们才会马上做出改变，你就能在问题变得更严重之前把它们"扼杀在摇篮里"。

经常给予反馈。如果经常给予反馈，人们就会习惯性地把它当作日常工作的一部分（这比可怕的年度评审会要好得多）。

反馈要具体而不要泛泛而谈。坚持确凿的事实。否则，一些人很可能会质疑你的主观看法，而你将不得不极力证明自己看法的合理性，这会让他们感到委屈或者愤怒。

私下给出负面反馈。如果你不这样做，而是当着同事的面给员工负面的反馈，这对于员工来说这无异于羞辱，很容易引起各种不良的后果。

在给予反馈时，你可以根据不同的情况使用多种不同的方法。其中 SBI 模型，即情景界定（situation）——行为描述（behavior）——行为影响（impact）模型，就是一种有用的方法。这一模型由创造性领导能力中心（Center for Creative Leadership）（美国著名的领导力研究和培训中心——译者注）研发，它会帮助你做出强有力的、非常具体的、难以争辩的反馈。

（1）情景界定——界定反馈的背景，让人们有时间回忆起当时的情景。例如，你可以说，"今天早上，当你来工作的时候……"或者"在周二给领导小组的报告中……"

（2）行为描述——准确地描述你所看到的，不要靠道听途说，也不要揣测动机或做出判断。例如，"你迟到了 15 分钟"或者"你的幻灯片特别清晰，而且布局很好"。

（3）行为影响——解释行动的后果。例如，"这让你错过了早高峰，那就意味着团队的其他成员会背负很多压力，以至于无法为我们的客户提供应有的服务水平"或者"这给人留下了深刻的印象，帮助我们做了一个高度可信的报告"。

小贴士

如果你使用 SBI 模型，可能会清晰地把信息传递给他人。然而，当使用这个模型做出负面反馈，会产生一针见血的效果，这可能会让对方感到非常沮丧。

也许你可以通过"三明治"式的反馈方式，把负面反馈分层夹在正面反馈之间，这样会让人们更容易接受。但是，这种方式可能会招致部分人的冷嘲热讽；还有些人可能只会注意你说的最后一件事，离开反馈会议时依然自我感觉良好，认为一切都还不错。

了解更多关于给予有效的反馈的内容：http://mnd.tools/68-1

了解更多关于 SBI 模型的内容：http://mnd.tools/68-2

69. 有效地对员工进行教练式辅导（GROW 模型）

有的时候，你仅仅通过给予反馈就会得到预期的行为改变，那真是再好不过了。但还有些时候，你需要运用一种更加正式的方法才能得到持续的改变。在这方面，GROW 模型对你有所帮助。

GROW 模型由企业教练格雷汉姆·亚历山大（Graham Alexander）、艾伦·范恩（Alan Fine）和约翰·惠特默爵士（Sir John Whitmore）共同开发，GROW 分别代表了 goal（目标）、reality（现实）、options（选项）和 will（意愿）。该模型对于激励员工做出改变特别有用，其关键特征之一在于鼓励被辅导者在你（管理者）的正确引导下，自行找到大部分答案。这有助于员工全身心投入到你制订的计划中，使他们更可能去从事能够实现改变的工作。

（1）**目标**——首先与团队成员讨论你想要的行为改变（SBI模型等类似的方法在此可以帮助你——参见第68节），然后让他们把这种改变建构成目标。确保这个目标要与团队的长期目标和团队成员的职业抱负保持一致。

（2）**现实**——让团队成员描述当前现状及其导致的结果，充分探究可能造成这种局面的因素，包括任何团队成员可能正在经历的目标冲突。与此同时，要向团队成员提供他们可能会错过的任何信息，这样你们就能在现实是什么的问题上达成共识。

（3）**选项**——帮助团队成员展开头脑风暴，寻找实现目标的所有可能的选项。鼓励他们运用发散性思维进行思考，确定并考虑如何克服在向目标前进的过程中存在的障碍，选择将要实施的最佳方案。这会给他们一个切实可行的计划。

（4）**意愿**——让团队成员投入到这个计划之中。商定完成特定行动的里程碑日期和审查进度的跟进日期。

小贴士

传统的教练理论认为，你应该指导整个流程，但是要允许人们在每一个阶段得出自己的结论。这就反映了一个事实：许多教练并不清楚被辅导者的生活细节。

作为管理者，你的工作是让人们展示正确的行为，你还要对正在发生的事情拥有敏锐的洞察力。在这里，你需要确定的是他们得出正确的结论，设立有效的目标并且采取正确的行动。

了解更多关于GROW模型，包括探究可以提出的问题以及查看示例：http：//mnd.tools/69-1

了解更多关于其他的教练式辅导的技术：http：//mnd.tools/69-2

第13章
建立优秀的团队

在当代的大公司里，很多工作都是以团队的形式完成的。团队有许多类型——有的团队有明确的领导者，有的团队故意不分等级——但是团队关键的定义性特征是对结果承担某种集体责任。

从理论上说，一个团队应该比一群随机的个体取得更多的成就，因为团队成员具有互补性的知识和技能。但实际上，团队常常做出糟糕的决策。对于著名的政治误判（比如猪猡湾惨败）和商业失误（比如美国在线公司收购时代华纳公司）的相关研究已经证明团队是多么容易制订出次优决策——比如由于转向群体思维或者未能充分表达少数人的意见所致。

如今，有很多关于如何使团队有效运作的研究结果。例如，麻省理工学院的一项研究突出了团队成员多样性、对讨论的平等贡献及社交技能的重要性。谷歌最近的一项研究强调了支持性团队环境对于产生高质量成果的重要性（也称为心理安全）。

然而，即使我们在理论上知道如何建立优秀的团队，但是在实际中做到这一点的挑战仍然是相当大的。作为管理者，你需要掌握能够充分发挥团队最大潜能的真本领，而本章旨在提出一些培养那种真本领的实用性方法。

第一个挑战是正式定义团队章程（第 70 节），使得它对每个人都是明确和有意义的。在理想情况下，团队章程是在团队建立之初制定的，但是定期查看团队章程也是有用处的。在团队开始投入实际工作之后，你还需要向团队成员清楚地介绍工作进展情况（第71节），这意味着要对组织其他部门正在发生的事情进行有效沟通，使团队对任何问题都有最新的了解。与之相关的一种技术是在团队中建立信任（第72节），这样，人们毫无顾虑地分享问题，尝试新的想法——不必担心被批评。而这一切的核心是你要努力改善你与团队成员的关系，让他们理解你和信任你。我们将介绍乔哈里视窗（the Johari Window），以此提供一种建立开放性和自我意识的技术（第73节）。

之后，我们提供一些如何理解团队特定动机的观点（第74节），这样你就可以更有效地安排他们的工作，使工作尽可能令人满意并充满吸引力。最后，我们通过帕特里克·兰西奥尼提出的团队协作的五大障碍来探讨团队合作可能出现的问题。

70. 正式明确团队的使命、职权、资源和边界（团队章程）

当团队成员合作得很好时，团队可以取得巨大的成就，这种经历对于所有参与其中的人来说都是美妙的。然而，也有一些情况的结果是可怕的：员工充满激情但意见相悖，他们互相争吵以至于离开团队，最终未能实现团队的使命，有时是以一种惊人的方式结束。

有时候，这些问题是由性格差异引起的。但是，通常情况下，对团队目标的误解及对个体在实现团队目标中所扮演的角色的误解引发了这些问题，所以从一开始就明确这些事情是很重要的。

你可以与团队成员一起商定团队章程（team charter）来帮助他们取得成功。团队章程可以确保每个人都明确团队的目的、成员分工、团队的能力范围和局限性，以及可利用的资源。它还有助于团队成员就如何展开合作达成一致，从而使每个人的工作都能够顺利进行。

　　团队章程的具体内容因情况而异，但最好是由团队的创建者、领导者和团队成员共同商定。通常包括以下几方面内容。

　　（1）**背景（Context）**——背景解释了团队为什么存在，它要解决什么问题及它的工作如何符合更广泛的组织目标。（如果你正在使用 OGSM 或 OKRs，可参见第 5 章，包括其中的相关部分。）

　　（2）**使命和目标（Mission and objectives）**——这部分是对团队需要实现和交付什么的简要明确的陈述。它提出团队关注的焦点，帮助人们快速决定具体的活动是否有助于实现团队目标。

　　（3）**利益相关者（stakeholder）**——这部分确定了外部利益相关者，团队需要与之沟通并满足其要求以达成使命。

　　（4）**组成和角色（Composition and roles）**——这部分是对团队的"设计"进行界定，其中包括团队成员是谁，他们的角色将是什么，他们将分配出多少时间。在组建团队时，领导者需要了解员工的优势、劣势、技能和经验，确保合适的人做合适的事。这是一项相当细致的工作，包括对资源融汇水平、团队和子团队的结构进行思考。它还需要确保在解决问题和决策方面有适当的多样性投入（其重要原因参见第 6 章至第 8 章），并确保所有的利益相关者都有适当的代表。

　　（5）**职权和赋能（Authority and empowerment）**——这部分指的是团队能够自主做什么，以及必须征得许可才能做什么。例如，是否有权雇用新人？有哪些付款签收级别？能否敦促团队成员专注于团队的工作？团队的边界也在这里界定，以免团队的工作与组织中其他团队的工作产生冲突。

　　（6）**可用的资源和支持（Resources and support）**——要对团队的可用的资源（包括金钱、时间、设备和人员）进行界定，让团队成员能够了解并知道去使用它们。这部分还对可用的培训和辅导资源及团队可以利用的外部帮助进行界定。

　　（7）**运作（Operations）**——章程的最后一部分是对团队如何开展日常工作进行界定。这部分涵盖了团队什么时候开会，成员将要做什么，成员之间彼此期望的行为标准，如何制定决策及如何互相提供反馈。

　　团队章程的某些部分是由团队的创建者制定的，其他一些部分由团队领导者起草，剩余部分由团队成员共同编写。这样做的重要之处在于，每个参与者都有公平的机会对章程草案进行质疑和协商，这样团队章程会得到来自各方的支持。

<u>**小贴士**</u>

创建团队章程的最佳时机是在团队最初组建的时候。那样，从一开始就为成功做了准备。然而，如果团队正在出现种种问题，比如内部冲突，创建或回顾章程也可能有所帮助。借此，你可以将任何隐藏的问题和误解公布于众，在明确且达成共识的情况下，设定所有人都承诺遵守的行为标准。

了解更多关于团队章程的内容，包括查看团队章程编写示例：http://mnd.tools/70

71. 清楚地向团队做简报

一份好的团队章程从一开始就会给团队成员提供他们获得成功所需要的信息。但是团队不能孤立地工作：他们需要知道组织及他们周围更广阔的世界里正在发生什么，这样才能适应不断变化的环境。

定期的团队简报（team briefings）是提供这种背景信息的最佳方式。在这些简短的会议中，你向团队成员介绍组织中发生的最新情况，然后你回答他们提出的问题。这些简报可以增强组织意识，减少误解和流言蜚语的风险，帮助在团队中建立信任。要想有效地做简报，需要注意以下几点：

（1）定期举行团队简报会，最好是在决策会议之后马上进行，以便人们可以及时并直接地从你这里获取信息（而不是通过办公室的小道消息）。

（2）将简报的重点放在人们需要知道的关键信息上。你通常可以使用4P策略对此进行组织。

> 进度（Progress）——团队和组织如何应对目标及自上次简报以来都取得了什么进展。

> 规程（Procedures）——人们需要了解的政策或团队运作的改变。

> 人员（People）——谁将加入团队或组织？谁将离开？是否有团队成员需要了解的人事变动？

> 行动要点（Points for action）——在未来一段时间内人们需要处理的首要任务以及他们需要采取的行动。

（3）回答问题，尽可能公开地回答，同时也要尊重机密性。（如果有些事情你不能公开讨论，那就承认这一点，并明确说明你会在有能力的时候向人们提供最新的信息。）

（4）确保你的团队成员在简报会后立即对他们自己的团队继续做简报，使信息在组织内部扩散开来，这样每个人都知道正在发生什么。

（5）如果有人向你提出你无法回答的问题或者无法处理的疑虑和担心，你要与管理者进行进一步的商讨，尽你所能在简报结束后予以处理。

当你这么做的时候，要注重向团队成员传达关键信息，保持信息的积极性和真实性，还要作为"信息的所有者"，不要试图与之疏远。

了解更多关于有效地向团队做简报的内容：http://mnd.tools/71

---

72. 在团队中建立信任

通过让员工了解最新的情况，与他们开诚布公地谈论挑战，你将开始在自己和团队之间建立起信任。

简单地说，信任就是相信别人不会利用你的弱点。在低信任度的环境中，由于担心被批评或利用，大家不会贸然向他人袒露自己的问题。有些事情人们根本不愿去做，因为做了会让他们感觉自己完全暴露在别人的视野之中，这令他们难以接受。其结果是变革失败，生产率下降，创新停滞不前，人才无法发挥潜能，于是纷纷离去。

相比之下，高信任度的环境是彼此迁就与忍让的环境，在这种环境中，人们可以进行高效协同的工作。当人们相信周围其他人会支持并关心他们时，就能够灵活应对风险并以明智的方式承担风险。那么，如何在团队中营造这种高信任度的环境呢？

与做所有的事情一样，先从改变你自己的行为方式开始。努力培养有效管理所需要的技能，提升你的情商，以便成熟地与他人交往（第53节），同时注意提高解决问题和制定决策的能力（参见第6章和第7章）。所有这些都有助于你赢得富有能力、判断力强的名声，这样人们会相信你能做出正确的决策。

同时，为你的员工树立起正直的榜样来获得他们的信任。遵守你的诺言。敞开心扉，坦诚交流。支持团队成员，顾及他们的利益，并尽可能让他们参与到重要决策中。

避免指责也是明智的做法。错误在所难免，但是只要大家已经竭尽全力，那正确的做法就是一起努力解决问题，然后继续前进，同时从错误中吸取教训，确保不再犯错。（当然，要是有人没有尽最大的努力，或者以有悖于团队利益的方式行事，那就另当别论，你需要用适当的方式对此进行处理。）

接下来，亲自去了解你的员工。花点儿时间了解他们的家庭和个人兴趣，与他们分享交流有关你自己的情况。鼓励他们参加社交活动和团队建设活动，让每个员工都能够彼此了解。

通过变更工作模式打破团队中存在的小集团，这样不同的人就可以彼此合作。与员工一起讨论划分圈内人和圈外人，以及将个别员工排挤在外是多么有害。

最后，要让人们在彼此相处时表现出良好的团队行为，同时确保他们支持其他团队成员并以开放、慷慨和认真的方式开展工作。

了解更多关于在团队中建立信任的内容：http://mnd.tools/72

73. 在团队内部建立开放性和自我认识（乔哈里视窗）

开放性对于建立信任很重要，一方面是因为它可以使人们快速找到问题的根源，另一方面是因为它能确保人们得到大量的反馈。那么，如何在团队中建立开放性呢？这就是乔哈里视窗能帮助你的地方，如果运用得当，它有助于员工之间以诚相待。

乔哈里视窗由乔瑟夫·勒夫（Joseph Luft）和哈里·英格拉姆（Harry Ingram）共同提出，乔哈里（Johari）一词源于他们名字的组合。具体如图13.1所示。

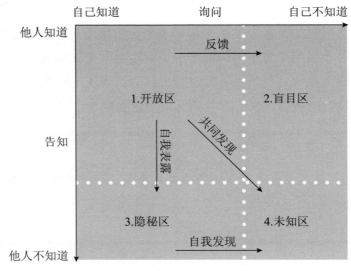

图13.1 乔哈里视窗

资料来源：改编自 Luft 1992。

乔哈里视窗是一种系统地思考你如何被别人知道和了解的方式。横坐标表示你对自己的了解程度；纵坐标表示他人对你的了解程度。该视窗分为4个象限。

（1）**开放区**（open area）表示你自己和他人都知道的关于你的信息。其中包括你的同事对你的行为方式、知识、技能和个人履历的了解。

（2）**盲目区**（blind area）包含你自己不知道，但是他人却看见的盲点。在这个区域中，他人的反馈可以帮助你改进工作方式，你也可以发现自己之前未知的才能。

（3）**隐秘区**（hidden area）表示你自己知道但他人不知道的关于你的秘密。你可以通过透露其中一些秘密来建立信任（但要采取明智的方式）。

（4）**未知区**（unknown area）包含你和其他人都不知道的关于你的信息。

乔哈里视窗有两种使用方式。一种是简单地鼓励员工通过互相透露无害的信息，要求并给予对方反馈，以扩大视窗的开放区。这有助于增进人们彼此间的了解，也有助于他们了解自己的优势。（要谨慎行事，不要强迫别人去做他们会后悔的自我表露，并要确保给予温和而积极的反馈。）

另一种更为系统的方式是使用一份由56个中性或积极形容词构成的清单来描述员工。例如，每个员工先选择5个他们认为最适合自己的形容词，再分别选择5个适用于每个同伴的形容词。然后，把这些词语插入每个员工的方格中，让大家对这些词语进行讨论。这会给予员工很多自我表露和获得积极友好的反馈的机会。所有这些都有助于建立信任。

小贴士

有时候，你确实需要透露一些困难的事情，给予艰难的反馈。对此，你应该在私下里进行这件事，不要将其作为乔哈里视窗团队建设会议的一部分。

了解更多关于如何使用乔哈里视窗的内容，包括56个形容词的链接：http://mnd.tools/73

74. 找到对团队最有效的特定性激励因素（了解团队特定性激励）

在第9章（第51节和第54节）中，我们介绍了激励个体员工积极性的具体技术和方法。要想熟练运用这些工具，需要花费大量时间，但是你可以在团队层面上实施激励，这将成为一个非常好的开始。如果你能够掌握团队成员共同的激励因素，就可以精心安排他们的互动方式，进而让他们从工作中获得最大收益。为此，你可以遵循以下步骤。

（1）将你的员工召集起来，让他们写下能激发他们个人积极性的事情，这些事情可能是金钱、目标、晋升机会、认可、成就、个人发展和友情，但也可能包括良好的工作环境和灵活的工作安排，鼓励他们写出尽可能多的激励因素。

（2）让房间里的每个人轮流列出他们认为最重要的激励因素。将这些因素写在白板上，再对它们进行整合，把同类项归纳到同一个标题下。然后浏览每个标题，讨论每个标题的含义，以便人们对此形成一个共同的理解。

（3）让团队成员查看这份清单，并依次写下他们认为最重要的几种激励因素（如5种）。排在首位的因素计为5分，其次4分，以此类推。

（4）每个人对白板上的每种激励因素写下他们的个人打分。将这些分数加起来，你就能确定团队的最重要的激励因素。你还可以看到成员之间是否存在巨大的分歧。

（5）最后，对如何在实现总体目标的同时安排团队工作以兑现这些激励因素进行头脑风暴。如果想法行得通，就去实施。

通过上述方法，你将会看到团队动力得到了提升，同时你也会发现员工真正主导了团队运作，并把自己全身心地投入团队中。

小贴士

销售团队中的激励因素与金融团队、工程团队和人力资源团队中的激励因素有所不同。如果在团队中每个人都在做相似的工作，这种把分数加起来的方法可能会非常有效。但是如果团队成员来自不同的职能部门，你可能需要根据职能的不同将他们的分数分别相加。

了解更多关于团队特定性激励的内容，包括如何确定共同的激励因素：http://mnd.tools/74

---

75. 管理消极行为并化解冲突（兰西奥尼的团队协作的五大障碍）

至此，我们在本章中介绍了让你的团队走向成功的一些方法。但是，你也需要留意可能会出现的问题。在这方面，帕特里克·兰西奥尼（Patrick Lencioni）提出的团队协作的五大障碍（five dysfunctions of a team）会对你有所帮助。他在 2002 年出版的著作中阐述了团队功能失调的五大来源。

（1）缺乏信任（An absence of trust）——我们在第 72 节讨论了信任的重要性及如何建立信任。缺乏信任的表现形式多种多样：逃避社交活动和团队合作；不互相寻求帮助；掩饰错误和缺点；常常退出团队，避免与他人合作。

你可以先从自身做起，以值得信赖的行为方式来处理这些问题。但是，你还需要处理那些正在破坏信任的行为。因此，要与团队成员进行交流，让他们了解当下发生的事情，并且提防那些威胁团队凝聚力的行为。你要坚定地处理这些行为——只有解决了这些潜在的问题，建立信任的积极措施才会有效。

（2）惧怕冲突（Fear of conflict）——团队中的冲突常常让人感到不适，但是当团队成员在相互尊重的前提下检验和质疑彼此的想法时，就会有很高的效率，更好的想法也会随之产生。

惧怕冲突的表现包括：隐瞒自己的观点，开会时避免说出令人尴尬的实情，以及在背地里谈论别人。要想克服这些问题，可以鼓励人们进行良性的争论，并在争论中支持他们，但要确保讨论是就事论事而不是针对个人。同时，学习并教授化解冲突的技术——我们将在第76节介绍一种有用的技术。

（3）欠缺投入（Lack of commitment）——团队成员不分享自己想法的另一个弊端是他们可能感到没有人倾听自己的声音。他们可能认为有些计划讨论不当，或者他们可能知道冲突尚未解决而在观望"哪方是胜利者"。其结果是，他们没有执行计划，继续只说不做，机会就这样错失了。

要处理这一问题，应该让每个人都参与到决策中来，尽可能澄清不确定性，深入讨论计划，运用透明的决策方式。[参见第7章。也许你还想使用像多重投票法（multivoting）或者改进的波达计数法（the modified Borda count）这样的投票方式——更多相关内容，参见下面的链接。]

（4）逃避责任（Avoidance of accountability）——缺乏责任感或"主人翁意识"会造成可以预见的消极结果，因为团队成员不会用高标准来衡量彼此，也不会为处在困境中的同事承担起他们的工作。

要想解决这一问题，可以制定团队章程来明确每个人的职责（第70节），召开回顾会议（第31节），为实现团队目标建立奖励体系。如果成员没有承担相应的责任，就要对不良绩效加以处理（第79节）。

（5）无视结果（Inattention to results）——这种情况发生在团队成员不再专注于团队目标的时候，其原因可能是其他目标更为突出，也可能是出现内讧，还有可能是团队成员更注重提升自己的职业生涯而不是团队的使命。

当团队经常无法交付好的成果时，当团队成员关注错误的目标时，当有才华横溢、注重成果的团队成员备感沮丧并选择离开团队时，你都可以发现这种情况。

为了解决这一问题，你要让团队成员重新关注团队章程，提醒他们不要忘记 OGSM（第 26 节），设置清晰的 OKRs（第 27 节）。如果这些都不起作用的话，就要对不良绩效进行处理。

了解更多关于兰西尼奥的团队协作的五大障碍的内容：http://mnd.tools/75-1

了解多重投票法：http://mnd.tools/75-2

了解如何用改进的波达计数法按照喜好排列选项：http://mnd.tools/75-3

资料来源：改编自 Lencioni 2005。经 John Wiley & Sons，lnc 许可转载。

第14章
有效处理管理的困境

贯穿本书的一个重要主题是，能够帮助并支持员工把工作做到最好的老板才是好老板。这种观念鼓励我们做出一些积极的、能促进发展的事情，比如教练式辅导、授权和坦诚沟通。

然而，这种管理方式是建立在员工既有意愿又有能力做好工作的假设之上。即使这个假设在95%的情况下都是成立的，我们仍然需要弄清楚在另外5%的情况下该怎么做。

现实情况是，无论何种原因，总会有那么一小部分员工不去努力做好工作，或者缺乏有效工作的基本能力。他们上班迟到，推卸责任，爱发牢骚，频繁出错——这些消极行为甚至给周围其他人都带来了困扰。

真正的好老板的特征之一就是能够快速有效地处理上述那些情况。这通常也是管理工作中最难的部分，因为它涉及处理各种不愉快的情况及做出艰难的决定。逃避艰难的选择和倾向于疑罪从无总是那么诱人。但是不要忘记一个烂苹果会毁掉整堆苹果——换句话说，如果你让一个表现不佳者躲过了惩罚，那么整个组织都会受到损害。鲍勃·萨顿（Bob Sutton）的畅销书《拒绝混蛋法则》（*The No Asshole Rule*）的书名完美地诠释了这一点。

在本章中，我们将讨论5种关于处理这些困境的技术。首先，我们着眼于人际动力（interpersonal dynamics）方面：如何有效地化解冲突（第76节）和如何处理工作中的不良行为（第77节）。然后，我们对办公室政治的现象进行广泛探讨（第78节），包括它的表现形式，如何减轻这一现象及如何保护团队免受其害。最后，我们着眼于个体员工在自己的工作岗位上表现不佳这一难题。我们为如何处理不良绩效提出建议（第79节）并且对灵活变通的艺术进行探讨（第80节）。

76. 有效地化解冲突（费希尔和尤里的原则性谈判）

正如我们在前面的章节（第75节）所讨论的那样，团队内部的冲突可能会让相关各方感到不安，但是它也可能产生积极的作用——比如，在不同想法的相互碰撞中，往往会产生更好的想法。

利用冲突来激发创造力在理论上是非常好的，但是这一过程通常会夹杂很多情绪。如果不对其中的情绪进行专门的排解，人们彼此之间就会产生不满，他们的工作关系也会受到不可挽回的破坏。

这就是罗杰·费希尔（Roger Fisher）和威廉·尤里（William Ury）提出的原则性谈判（principled negotiation）的有用之处。这一理论由他们在其著作《谈判力》（*Getting to Yes*）中推广开来，包含以下几个原则。

（1）**把人和事分开**。人与人之间的观点分歧很容易变成"人身攻击"。因此，把人和事分开是一个很重要的技巧：要让你的同事们意识到，他们之间实实在在地存在着观点分歧，对方并不是在"有意为难"。

（2）**仔细聆听人们的不同利益**。不要把讨论当成一种人们已经确立了立场并且不得不妥协的谈判，而是要把它作为一种解决问题的过程。在这一过程中，你要关注员工的利益——他们的需求、愿望、顾虑和恐惧。仔细、真诚地聆听，不要打断他们，试着去理解人们为什么会在冲突中那样做。然后，把你的理解适当反馈给他们，让他们知道你懂得他们所处的情况。[你会发现运用正念聆听（第 50 节）能把很多情绪从情境中抽离出来，有助于你理解他们的观点。]

（3）**先听后说**。如果你是冲突事件中的一方，只有当你完全理解了对方的观点并且你的理解得到了他们的确认之后，你才能谈及自己的利益。当谈论利益的时候，你要让描述符合事实并且集中于工作相关的问题，还要尽量使用"我"而不是"你"来进行陈述，这样就不会让人感觉受到攻击。让对方把他们对你的利益的理解反馈给你，以确认他们明白你的意思。

（4）**"创造"互惠互利的选项**。现在，在不执行任何选项的情况下，对各种可以用于化解困境的创造性的选项进行头脑风暴，使双方的利益都得到满足，最好是让他们在这个过程中都能获利。

（5）**使用客观的标准在选项中做出选择**。最后，你要以尽可能客观的标准在选项中做出选择。确保所选择的选项能够恰当地解决员工的利益问题，但也要与团队和组织的使命保持一致。

了解更多关于化解冲突的内容：http://mnd.tools/76

资料来源：改编自 Fisher and Ury 1981。

77. 处理工作中的不良行为

团队成员会因为很多原因而互相产生冲突。正如我们所看到的，这些冲突有时候会激发创造力，改进决策的制定。但有些时候，他们的行为会削弱团队的力量，破坏团队的氛围。在这些情况下，你需要采取坚决的态度。

然而，往往很难判断某个行为是否是错误的。例如，有面部穿环的人出现在工作场所合适吗？这在富有创造性的营销机构中或许是可以接受的，但是对于在私人银行为客户服务的职员来说，这可能是个很大的问题。再如，可以对同事大喊大叫吗？大多数人会说不可以，但在某些工作环境中，这种看似冒犯性的行为是可以接受的。那么，到底该如何判定什么是不良行为？

在这方面有一些公认的测试问题：这种行为合法吗？它是否遵守组织的政策和程序？它是否遵守专业或组织的道德准则？这样你就很容易知道该怎么做了，但是这些情况可能不会经常遇到——大多数人都知道不要跨越这些界限，而且你的招聘过程有望将这种破坏规则的人"清除"。

这就留下了许多不符合正常规则的行为，而且在这些情况下通常很难知道该怎么做。下面的测试问题也许可以帮到你：

这种行为是支持还是损害团队的使命？仍以上述的面部穿环为例。很明显，如果在私人银行里，这样做可能会引起客户的反感，作为经理，你要采取行动避免这种情况的发生。然而，营销机构的客户可能会把面部穿环看作了解"年轻文化"的标志，在这种情况下，它就不是问题了。

这种行为是促进还是破坏团队的凝聚力？私人银行的团队成员可能会觉得面部穿环会让人对他们团队的专业性产生负面印象，还可能引起冲突。在营销机构，面部穿环可能只是有助于营造一种很酷、很有趣而且富有创造性的氛围，让人们敞开心扉、畅所欲言。

这种行为是否会对团队个体成员的利益或安全造成不必要的伤害？在私人银行，团队其他人可能会对面部穿环表达厌恶，只要以适度的方式表达厌恶而没有演变成欺辱是可以接受的。在营销机构，可能没有人会在一开始就对此有所抱怨。

小贴士

如果你用你个人的道德信念或宗教信仰来判断工作中的行为是好是坏，尤其是这些信念或信仰又与国家雇用法相冲突的话，那么最终你可能陷入困境。**在工作的时候，要确保你做出的判断能够经得起法律审查。**你要咨询你的人力资源团队以确保做出正确的决策，并对做过什么及为什么这样做进行适当的记录。

了解更多关于处理工作中不良行为的内容：http://mnd.tools/77

78. 应对办公室政治，保护团队免受其害

办公室政治（office politics）指的是人们操纵他人的方式——例如，通过八卦和分享机密信息来达到个人目的。当然，这种现象总是或多或少地存在着，但是如果办公室政治过多，可能会在组织内部产生严重的腐蚀性。你应该对此予以警惕，以免受到它的损害。

从严格意义上来说，我们所有人在工作中做的事情并非都与组织的使命或我们的关键目标相一致。通常这些都是小事，比如社交活动或个人帮忙，它们实际上有助于我们的团队更顺利地运作。我们还需要与我们周围的资深人士和有影响力的人士有效合作，为我们的团队赢得资源，于是利益相关者的管理（第91节）、影响他人的技能（第94节）和双赢谈判（第100节）这些技能在我们攀登组织职业生涯阶梯的过程中变得越发重要。

有些人认为这些类型的活动是"政治性的"（political），但是如果以开放、坦诚的方式进行，它们是在复杂的组织内部成功运作的必要部分。

然而，当这种行为侧重的是个人利益时——通常是高管的个人利益——而不是侧重组织应该为其所服务的员工们的利益时，它就变得具有破坏性。在这些情况下，"规则"开始被打破，员工们受到伤害，对他们的善待也逐渐消失。

人们讨厌在这样的环境中工作：流言蜚语疯狂蔓延，人们变得愤世嫉俗，善意、员工敬业度和创造力被瓦解，那些优秀的员工带着愤怒的情绪工作。

那么，该如何处理团队中的办公室政治呢？

答案在于你自身，归根结底是树立好的榜样（第49节），成为一名鼓舞人心的变革型领导（第54节），确保员工知道自己的工作有助于达成企业使命（第81节和第26节）。如果你能做到这些，那么每个员工都会很容易运用我们第77节提到的不良行为类型测试。这样，办公室政治行为便暴露无遗，你就可以坚定、果断地对其进行处理。

如果周围充斥着大量的办公室政治现象，你该如何保护你的团队呢？一种答案是忽略它，继续你的工作。然而，这样做有一定的风险：你和你的团队成员可能会输给那些热衷于办公室政治的同事。另一种解决办法是放弃这个组织，转向一个更好的、政治色彩少的地方。第三种也是最好的一种方法是努力对此做些改变。针对办公室政治产生的问题对员工进行调查是一个良好的起点（有一个组织政治的感知尺度可能会在这里派上用场，参见下面的链接）。

如果你想继续在一个组织里工作，而且无法改变它的文化，那么你应该学习如何发挥政治游戏的积极方面，抵消其消极方面。为此，你要做到这些。

（1）确定你工作中的直接利益相关者和间接利益相关者（我们将在第91节对此进行更详细的探讨）。这些人可能对你的工作产生积极或消极的影响，所以你要想方设法"管理"他们对你和团队所做的工作的看法。

（2）了解谁对你的最重要的利益相关者影响巨大，把这些人添加到你的清单中。他们的看法也是需要你去进行管理的。

（3）与这些人建立坦诚的关系。避免空洞的奉承，尽你所能建立基于信任和尊重的关系。仔细聆听他们需要从你的团队中得到什么，交付这些东西，并确保他们知道你的员工正在做的这些出色的工作。

（4）留意一下"消极行为"（negative play），努力了解它的激发因素，并想办法对它进行规避或者抵消它对你的影响。

（5）要表现出专业、积极、有礼貌，保持你个人的正直，不要做伪善者，要维护团队和组织的使命和利益。

小贴士

- 办公室政治行为在有自恋、马基雅维利主义或者精神病态性格特征的人参与其中时，会变得极其凶险。你可以通过下面的链接了解如何辨别黑暗三联征行为以及如何应对它们。

- "诚实无欺"可能会让你失去短期的战术性机会；然而，你将会维护自己的名声和自尊。在你的职业生涯中，你可能会遇到很多行业参与者，但如果你因为玩弄政治而损坏了名声，那就很难在未来取得成功。

了解更多关于如何处理办公室政治行为的内容：http://mnd.tools/78-1

了解更多关于辨别黑暗三联征行为的内容：http://mnd.tools/78-2

了解更多关于组织政治的感知尺度的内容：http://mnd.tools/78-3

79. 应对不良绩效

除了冲突和不良行为之外，团队中容易出现的另一个问题是人们未能有效地工作。显然，这令你感到沮丧且为难，同样也给客户带来种种麻烦。不仅如此，它还会给团队的其他成员带来很大的压力，因为他们可能不得不为不良绩效者承担一些不必要的额外工作。所有这些都意味着你需要及时处理绩效问题，而不是任由其恶化。

不良绩效有两个主要来源：低动力和低能力。对其中哪一个进行处理可能是显而易见的。如果不那么明显，那么在你想方设法获取充分的证据之前，最好是假设在对它们同时进行处理。

你可以将员工的工作与组织的使命联系起来，并为他们设定明确的目标，以此来应对低动力的问题——我们在探讨组织使命和关键成果时讨论了如何做到这一点。你可以为他们树立一个良好的榜样，仔细聆听他们正在经历的任何问题，尽可能给他们安排富有激励性的工作。我们在第5章和第9章中提到过如何做到这一点。

你也可以提供适当的支持（第59节）、反馈（第68节）和教练式辅导（第69节）来帮助人们提高激励水平。把所有这些整合在一起，形成一个清晰的绩效改进计划，记录到将来特定日期你期望看到的绩效水平，并定期召开会议来监督计划的进展情况。

你需要采用一种不同的方式处理低能力问题，在这方面，大卫·惠顿（David Whetten）和金·卡梅伦（Kim Cameron）在他们的著作《管理技能开发》（*Developing Management Skills*）中提出的绩效改进 5R 法会对你有所帮助。具体步骤如下所述。

（1）**重新补给（Resupply）**——你要与不良绩效者交谈，确保他们拥有做好工作所需要的资源和支持。如果这些不准备妥当，就难以做好工作。

（2）**重新培训（Retrain）**——确保员工具备做好工作所需要的技能和培训。在许多领域，技术都在迅速地发生着变化。如果对此一无所知，员工的技能很快就会过时，由此导致不良绩效。重新评估不良绩效者的技能需求，提供适当的培训开发。（技能矩阵可以帮助你在团队的范围内对此进行评估，参见第 67 节。）

（3）**重新安排（Refit）**——如果上述做法不起作用，看看该员工正在做的工作。他或她是否在某些方面做得好而在其他方面做得差？你能否在不打扰其他团队成员的情况下改变他或她的角色，让其专注于做得好的方面，弱化做得差的方面？（结合能力倾向测试进行这一步骤，如果有人在做一些无聊或不愉快的工作时表现出懒惰或缺乏自律，一定不要把这些工作重新分配给那些人——否则，你将会面临真正的危机！）

（4）**更换岗位（Reassign）**——如果该员工仍然在岗位上工作很吃力，但表现出良好的工作态度，你或许应该将他或她调到另一个岗位，让其在新的岗位上有效地发挥作用。这其中可能涉及降职问题，虽然这对于相关各方来说都是痛苦的，但它可能是正确的做法。

（5）**免除职责（Release）**——如果在你做完上述所有这一切之后，该员工的绩效仍然低于可接受的水平，你就要将此人辞退。否则，你将迫使团队其他成员"扛起"不良绩效者的职责，同时也表明你愿意接受平庸，而这将会对团队效率产生腐蚀作用。

小贴士

　　在应对不良绩效时，从一开始就要让人力资源部的人员参与进来。这是一个很容易触犯雇用法的领域，在这方面犯错误会给你的组织带来严重的麻烦。

了解更多关于应对不良绩效的内容：http://mnd.tools/79

80. 学会灵活变通

到目前为止，我们在本章中探讨了如何处理一些常见的管理困境。你可以用一种笨拙的方式来处理这些情况，当然，你也可以把它们处理得很好。这正是灵活变通——灵敏地传达不愉快的信息的能力——的重要性所在。如果你准备充分，能够巧妙地传达你的信息，就很有可能成功地化解困境。然而，如果你毫无准备地走上前去，脱口说出脑海中最先闪现的想法，那么情况可能会变得更糟糕。

那么，如何灵活变通地处理各种情况呢？

（1）**适当准备**。可以考虑事先和一位情商高的同事把情况讨论清楚——在这方面，人力资源顾问通常是最合适的人选。想一想你需要与之交谈的人可能在想什么、有什么感受，他们会对什么比较敏感。先来试验自己在交谈时可能要说的话，探索这些话可能产生的情感影响，并据此对信息加以提炼。然后，考虑对方可能做何种反应及你们的谈话可能会被引向的不同方向——你可以通过在不同情景里的角色扮演进行准备。

（2）**选择合适的时间交谈**。在交流对象有空的时候，再跟他说话，注意谈话的背景。如果对方正处于高度情绪化的状态或者身处困境之中，最好是推迟交谈时间。

（3）**仔细斟酌你要说的话，注意聆听**。在说话的时候，要留意你的话语可能产生的情感影响。观察对方的肢体语言，正念聆听（第50节）对方的回答。如果你要提出建设性的批评，记得使用"我"来陈述。例如，"我不明白你在说什么"，而不是"你说得不够清楚"。

（4）**注意你的肢体语言**。想一想你自己的肢体语言能够传递哪些信息，确保肢体语言与你想要传递的信息保持一致。心理学家艾伯特·梅拉比安（Albert Mehrabian）曾有一个著名的发现：当人们谈论有关情感和态度的话题时，人们所理解的信息只有7%来自话语，39%来自语调，55%来自面部表情。所以一定要用你的肢体语言来"说出"你想说的话！

（5）**管理好你的情绪**。如果你发现自己变得愤怒或心烦意乱时，请给自己时间冷静下来。否则，你可能会发现自己在说一些令自己日后非常后悔的话！

小贴士

灵活变通因文化不同而有所差异。在一些国家，你需要直截了当地表达自己的反馈意见，这样人们才能铭记于心；而在另一些国家，你需要更加小心谨慎。仔细判断你要采用的方式，但是不要过于圆滑以致无法传达你的信息。

了解更多关于灵活变通地沟通的内容，包括获得处理具体困境的建议：http://mnd.tools/80-1

了解如何使用角色扮演来为应对困境做准备：http://mnd.tools/80-2

了解更多关于如何理解肢体语言及如何使你的肢体语言与你想要传达的信息保持一致的内容：http://mnd.tools/80-3

第 **4** 部分 ————————————

整体的商业认知

第 15 章
培养情境认知

尽管成为优秀老板的技术广泛适用于不同的公司和行业，但这并不意味着存在着可以指导你应该如何行动的普遍真理。良好的管理是情境式的（situational），即正确的做法要取决于管理对象的特定需求和我们所面临的具体情形。例如，你需要以一种稍微不同的方式管理内向员工和外向员工，你在危机中的管理风格也将与顺境时的管理风格有所不同。

因此，在本书的最后一部分，我们把焦点转向组织的外部环境。我们将描述一系列的工具和框架，帮助你在更广泛的组织及其以外的世界里纵横驰骋。如果你对这种外部的环境有了充分的了解，就能够在如何集中注意力及如何合理安排团队成员的时间方面做出更好的选择。你也会给上级留下好印象，这对你的长期职业前景颇有益处。

本章内容主要是关于如何增强你的总体的商业和战略认知。我们可以用一整本书来讨论这个话题，但出于篇幅的考虑，在此只集中讨论 5 种特殊的技术。

每个企业都需要制定战略，所谓战略，指的是关于在哪方面竞争和如何竞争的一套明确的选择。战略是企业如何将它的使命或目标转化为实际可操作的选择。然后，这些选择为整个组织的人员赋能，使他们的日常工作以一种集中高效的方式保持一致。

制定战略的起点是理解组织的使命和价值观（第81节），它们首先阐明组织存在的原因，描绘出成功的图景。接下来是对不断变化的商业环境形成自己的观点，最好的方法是使用 PESTILED 框架（第82节）。然后是制定战略，这需要进行两项分析。一是了解客户需求，目前竞争对手如何为他们提供服务，以及你的企业可能会做些什么不同的事，进行这项分析最好的方法是使用价值曲线（第83节）。二是了解组织的核心竞争力以及如何充分利用它们（第84节）。运用 SWOT 分析可以有效地汇集和总结这些外部视角和内部视角（第85节）。

81. 了解组织的使命和价值观（使命陈述）

在本书中，我们多次提及人们在生活中拥有意义和目标是多么重要。我们也提到，作为管理者，你如何才能通过领导他人将这种意义带给他们。

大多数组织都有某种形式的使命陈述（mission statement），使命陈述反映出组织的指导目标——我们之前曾引用印度塔塔集团创始人拉丹·塔塔的话，他将使命陈述称为"对行动的精神和道德召唤"。精心制订的使命陈述说明了企业为什么会存在——它们给员工和其他利益相关者提供指导，让他们明确组织为谁服务以及提供什么样的服务。这些陈述向外界表明了组织的"良好品格"。

使命陈述很重要，不仅仅由于它是一份对外声明，更由于它是明确组织内部目标和优先事项的一种方式。组织内部制订的所有正式的短期目标和长期目标都应该与更广泛意义上的组织使命联系起来。组织使命从根本上指导个体员工所做的工作，引导决策制定和资源分配，并且如我们在第77节中所见，它还影响管理者对员工行为是非对错的判断。

如果你的角色是高级主管，可能要亲自参与组织使命陈述的制订或更新。

在这一过程中，你需要与各种各样的利益相关者对话——员工、客户、股东、供应商及你工作的社区——以便了解他们对你的组织当前的看法。然后，在高管小组会上进行头脑风暴和讨论，形成一个综合性的观点。记住，一则好的使命陈述应该立足于现实（与当前观点保持一致），同时也需要充满雄心壮志（提出一个比目前更好的、理想的未来状态）。

这个过程的结果是得出一份简单的总结性陈述，在形式上通常是用第一人称复数所表达的目标（"我们的使命是……"）。不要担心措辞不够优雅，陈述中要有实质性的内容更为重要。例如，谷歌的愿望是要组织全世界的信息，让人人皆可使用并从中获益，而宜家家居的使命是为人们创造更加美好的日常生活。

使命陈述制订出来之后，作为管理者，你必须要知道你（和你的团队）如何才能促成组织使命的达成。同样重要的是，你还要理解组织的价值观——人们认为重要的做事方式——价值观是维系使命的基础。如果你根据这些价值观进行管理，你有可能会被视为一个良好的企业公民。更重要的是，如果由于忠实地遵守使命并运用这些价值观而出现差错，你也可以以此来为自己的过错进行辩解。

然而，如果你的行为违背了使命和价值观，不管是有意的还是无意的，都可能会产生消极的后果。倘若由此出了什么问题，那么后果将非常严重！

小贴士

最好的使命陈述的特点是简明扼要、易于记忆，那样人们就能够把使命陈述记住并将其作为日常行为的向导。冗长、复杂的使命陈述难以应用，也很可能遭人遗忘，还表明组织的领导者未能果断地做出选择。

了解更多关于使命陈述及如何制订使命陈述的内容，包括一些使命陈述的示例：http://mnd.tools/81-1

了解更多关于商业规划的内容：http://mnd.tools/81-2

了解更多关于价值观及如何识别它们的内容：http://mnd.tools/81-3

82. 审视可能影响组织的外部变化（PESTLIED 分析）

良好的使命陈述具有一种永恒的品质——它能够应付从现在起的几十年内仍然有效的某种社会需求。但是，商业世界瞬息万变，你的组织在继续履行更广泛的使命的同时，需要对此做出适应性的选择，这些选择必须将各种变化考虑在内。因此，你需要对组织边界之外的更广泛的商业世界有一定的认识。

PESTLIED 分析对于认识商业世界非常有用。这是一种简便的方法，可以用来对影响当今商业世界变化的最主要的驱动因素进行结构化的分析，同时帮助你思考未来可能影响你的最重要的变化。要想运用 PESTLIED 分析，你需要召集对组织内外环境具有丰富知识和经验的人们及在相关领域具有专业知识的人们。然后对 PESTLIED 每个方面最重要的趋势进行头脑风暴（第48节）。

政治方面（Political）——政府政策正在如何演变？又将会如何变化？赋税、资金或补贴的水平可能会上升还是下降？道德氛围或企业社会责任的氛围是否可能发生变化？国家下届选举是什么时候？选举的结果可能是什么么？是否还有其他相关的政治因素？

经济方面（Economic）——经济有多么稳定？是增长还是萎缩？汇率、信贷供应和商品价格正在发生什么变化？市场上的客户或公司拥有多少可支配收入？招募一批有技能的雇员有多难？是否还有其他相关的经济因素？

社会文化方面（Sociocultural）——教育、健康和社会流动性水平正在如何变化？技术如何影响社会变革？人们对人权、宗教、政治和文化的态度如何变化？是否还有其他将会影响组织的社会文化因素？

技术方面（Technological）——将会出现什么新技术影响你的组织或行业？你的竞争对手正在开发哪些技术和注册哪些专利？有没有你能够与之密切合作的技术中心、教育项目或政府项目？还需要考虑其他技术因素吗？

法律方面（Legal）——产权和法治是否安全无虑？对法律、标准、消费者保护法、就业权或商业规则的任何拟议变更是否可能影响你的组织？竞争规则或垄断规则有可能改变吗？是否还有其他相关的法律因素？

国际方面（International）——安全联盟是稳定的，还是存在严重不稳定的威胁？关于地区贸易集团或政治实体方面发生了什么？关税、制裁及金融、货物和服务的自由流通方面可能会发生什么？是否还有其他国际因素在发生变化？

环境方面（Environmental）——气候变化、气候立法和可再生能源技术可能会如何影响你的组织？对于你的企业或者你使用的技术来说，空气清洁或空气污染是否可能成为一个问题？还有其他相关的环境因素吗？

人口方面（Demographic）——这个国家的人口金字塔呈现什么形状？可能会如何变化？变化意味着什么？迁入和迁出正在发生什么变化？有什么能力引进外国工人？其他与你的企业相关的人口因素是什么？

在进行了这样的头脑风暴之后，你可能会得到好几份长长的清单，上面记录着你周围正在发生的变化。将它们汇集到各个亲和组内（参见下面的亲和图链接），然后对结果进行优先级排序，以确定最可能影响你的前几种变化因素（如前 10 个因素）。

然后，对于这些变化因素中的每一种因素，反复问"它对我们来说意味着什么？"，直到你探究出这种因素对组织产生的全部潜在影响。我们在第 46 节提到的情景分析法在这里也很有用。

小贴士

　　上述几个方面有些会与你相关，有些则与你无关。不要在不相关的方面花费太长时间；否则，你将会浪费别人的时间，而自己也会失去动力。

了解更多关于 PESTLIED 分析法和 PEST 分析法的内容，包括查看示例和下载模板：http://mnd.tools/82-1

了解如何使用亲和图的内容：http://mnd.tools/82-2

资料来源：改编自 Harding and Long 1998。

83. 了解公司如何在市场中竞争（价值曲线）

　　企业战略的核心是差异化，是指你的企业提供的产品或服务与竞争对手相比，应该非常具有独特性和价值性，客户愿意为此支付溢价。

　　分析竞争定位有很多种方法。我们这里推荐的是价值曲线（value curve），W. 钱·金（W.Chan Kim）和勒妮·莫博涅（Renée Mauborgne）在 1997 年《哈佛商业评论》上发表的文章"价值创新：高增长的战略逻辑"（*Value Innovation：The Strategic Logic of High Growth*）对此进行了描述。

　　价值曲线可以帮助你了解市场中最重要的竞争因素，你的竞争对手如何应对这些因素，以及如何开发客户看重的独特产品或服务，即独特的销售主张（unique sales proposition，USP）。

　　从销售和营销的角度来看，独特的销售主张对于帮助客户理解他们为什么要购买你的产品非常重要，但它们也是企业战略的关键驱动因素，因为它们强调了你需要重视、坚守和加强的能力。

　　价值曲线的示例如图 15.1 所示，它显示了廉价航空公司与传统航空公司之间的竞争。

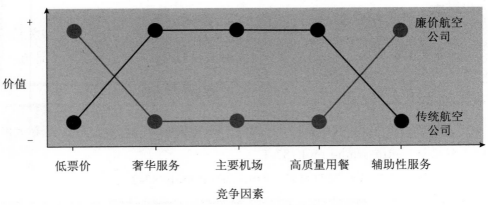

图15.1　廉价航空公司与传统航空公司的价值曲线对比

横坐标显示客户看重的一系列因素，纵坐标显示特定企业在这些因素上能给予客户多少价值。在这个例子中，传统航空公司向客户提供相对奢华的服务和进出便利的机场。相比之下，廉价航空公司就不那么方便了，提供的是非常基本的服务，但它的服务非常便宜，而把辅助性服务当作附加服务进行出售。

那么，如何利用价值曲线来提高企业的竞争地位呢？首先确定竞争力的关键因素，即客户看重的因素。其次为本公司和主要竞争对手绘制价值曲线。最后想一想你想要做到什么程度。从你现在的情况出发，向自己提出以下问题：

- 哪些因素可以被降低到行业标准以下，同时又能满足你所在细分市场的需求？（有关细分的更多内容，参见下面的链接。）
- 哪些因素可以被剔除？
- 可以增设或补充哪些客户将会看重的因素，从而使产品更有吸引力？
- 需要增强哪些因素来提高竞争优势？

即使你不参与战略决策，了解你所在行业的竞争因素，特别是你的企业正在关注的竞争因素也是很重要的。这将影响你做出的决策，并帮助你确保这些决策与组织的总体战略相一致。

小贴士

- 我们已经描述了这样一个过程：公司高管决定重要因素，他们给自己的公司和竞争对手对每个因素的重视程度打分。此外，询问客户和潜在客户对这些因素的看法也是有用的。虽然这要花费更长的时间，但是它可以让你清楚地、无偏见地、由外而内地了解你的组织与竞争对手之间的差别。
- 将客户购买决策中的竞争因素按重要性的大致顺序呈现在价值曲线的横坐标上，这种做法是很有用的。它将有助于你做出正确的选择，以决定改变哪些因素才能产生最大的影响。

了解更多关于价值曲线及如何使用它们的内容：http∶//mnd.tools/83-1

了解更多关于市场细分的内容：http∶//mnd.tools/83-2

发现其他的企业战略方法：http∶//mnd.tools/83-3

---

84. 了解公司核心竞争力

尽管清楚地了解客户需求与竞争性定位对于制订良好的企业战略极为重要，但还有一个因素你始终要考虑到，那就是组织的内部资源和能力。

对组织的能力有了充分了解可以帮助你弄清楚组织实际上能够交付什么——例如，如果你了解到你的员工没经过什么训练而且拿着最低工资，就会明白将你的组织定位成高端服务提供商毫无意义。了解组织的能力还有助于你明确具有未来开发潜力的新产品或新服务。

运用核心竞争力（core competence）的概念会有助于你对此进行思考，这一概念是由 C.K. 普拉哈拉德（C.K. Prahalad）和加里·哈默尔（Gary Hamel）在 1990 年发表的经典论文《公司的核心竞争力》（*The Core Competence of the Corporation*）中提出。其理念是公司应该专注于核心竞争力——在自己最擅长的独特领域不断改进，致力于为客户提供最有价值的产品和服务，同时应该将不擅长的领域外包给其他公司。

这样，企业就会创造出在市场中占有优势地位的独特产品和服务，避免只在价格上竞争的仿造品的世界。

那么，你的组织的核心竞争力是什么呢？或许你会列出一长串你的公司能够做好的业务。普拉哈拉德和哈默尔为你提供 3 种检验方法，可以将"锦上添花"的能力和真正的核心竞争力区分开来。

（1）市场广泛性（Breadth of application）——核心竞争力可以应用于多元化的市场或者生成一系列潜在的成功产品。这一广泛性可以让你将初步取得的市场上的成功继续维持下去。

（2）价值与稀缺性（Relevance）——核心竞争力需要以直接或间接的方式给客户带来价值，其重要性经常会随着时间的推移而消失。例如，许多传统的零售商在店铺位置和设计方面拥有竞争力，但是随着在线零售商的兴起，这些方面的竞争力已经越来越无关紧要了。

（3）难以复制与替代（Difficulty of imitation）——核心竞争力必须是其他组织难以模仿的事情；否则，你的优势将会很快丧失殆尽。

通常，你会发现最重要的竞争力实际上是相关事物的捆绑组合而不是某种狭隘和特定的事物。宜家就是一个众所周知的例子，它通过将深入的市场认识、技术精湛的设计师、精简的业务流程及与零部件供应商的紧密联系相结合，在用户友好型家具设计方面培育了核心竞争力。

那么，如何利用核心竞争力的理念来发展你的企业并提升自己的职业生涯呢？对于前者，要确定哪些竞争力能够对组织的未来产生最大的积极影响，并寻找进一步发展这些竞争力的机会。

从个人职业角度来看，让你的工作和自我发展与组织的核心竞争力保持一致会有很大的益处。如果你可以付出同样多的努力来培养一些技能，帮助你在高度可见的关键业务领域中取得成功，那么成为你公司不是特别看重（最终可能会外包）的领域的内部专家并没有什么意义。

了解更多关于核心竞争力及如何应用它的内容：http://mnd.tools/84

资料来源：改编自 Prahalad and Gary 1990。

85. 组织的优势、劣势、机会和威胁（SWOT 分析）

在第 1 章，我们把个人 SWOT 分析作为了解你的个人优势和思考职业方向选择的一种非常好的方法。

在组织环境中，SWOT 分析也同样适用，可以用来思考你的企业擅长什么业务、应该关注哪些机会，还可以用来探究劣势、应对面临的威胁。你可以将 SWOT 看作企业战略所有不同的构成要素的一种总结分析。优势和劣势与组织的资源和能力相关联（第 84 节），而机遇和威胁则与环境中的外部趋势（第 82 节）和竞争对手的产品（第 83 节）相关联。

无论是在个人层面还是组织层面，运用 SWOT 分析的基本方法都是相同的，在此不再赘述。不过你需要在组织层面的 SWOT 分析中提出稍微不同的问题。

优势——你的组织比竞争对手做得更好吗？哪些独特的、最高质量或最低成本的资源你可以利用而竞争对手却无法利用？你可以利用哪些其他组织没有的核心竞争力（第 84 节）？

劣势——为什么你在销售上会败给竞争对手？他们在哪些方面拥有你没有的成本优势或者获取你无法获得的资源？客户对你的产品或服务的哪些方面不满意？他们在抱怨什么？你在哪些方面难以做到有效地交付？在这时，你要面对任何不愉快的真相，只有这样，你才能够做些什么去改变它们。

机会——当你审视自己的优势时，想一想这些优势能给你带来什么样的好机会？如果你能够消除自己的劣势，将会出现什么机会？你在市场中看到了哪些机会能够更好地为你所用？在技术、社会趋势、经济环境或政府政策方面，你能看到哪些可能带来好机会的相关变化（第 82 节）？

威胁——竞争对手正在做什么可能令你担心的事？你所在的行业的标准是否发生改变，或者人们对它的期望是否在增加？与机会一样，在技术、社会趋势、经济环境或政府政策方面，是否存在可能给你带来麻烦的变化？

如果你参与组织的战略设定，SWOT 分析通常是一个有用的起点。对于企业来说，可以运用 SWOT 分析来了解竞争对手及组织自身的情况。即使你没有参与战略层面的讨论，从 SWOT 分析中获得的洞见也会与你通过思考核心竞争力和价值曲线获得的洞见形成互补。这将有助于你制订出更好的决策，并使你的工作与组织的发展方向保持一致。

小贴士

在运用 SWOT 分析时，很容易最终在 SWOT 每个标题下形成一份冗长而松散的清单，这对你没有多大帮助。为了从 SWOT 分析中获得最大收益，需要进行精确的，最好是量化的陈述；对各个因素进行优先级排序并且毫不留情地删减，以便集中于最重要的因素；并把 SWOT 分析应用在适当的层面——例如，应用在产品线层面而不是整个公司层面。

了解更多关于 SWOT 分析的内容，包括查看示例和下载模板：http：//mnd.tools/85

第 16 章
在更广泛的组织中脱颖而出

有这样一种想法颇具吸引力：只要做好工作，就会引起老板的注意，进而得到提拔。但遗憾的是，事实往往并非如此。

组织是复杂的社会结构，其中人际关系很重要，评判绩效良好与否也取决于多方面因素，甚至稍带一些主观色彩。竞争是组织自身固有的特征——晋升机会的数量总是远远少于合格的候选者的数量。因此，你不仅要尽职尽责，还必须出类拔萃。

另一种证实上述观点的方法是花 1 分钟时间站在老板的角度考虑问题。试想一下，可能同时有 6 个人的报告需要老板处理，而老板也有自己的可交付成果和项目，也担心自己的职业前景，也可能有工作之外的兴趣和消遣活动。老板实际上对你的个人绩效和职业前景会给予多少关注呢？答案是"可能没有你想要的那么多"。因此，你应该在更广泛的组织范围内提高可见度和影响力，以便获取应得的机会。

这样做不仅仅是为了升职，还有另一个同样重要的益处，即你正在开展的许多项目需要进行跨部门协调。为了更有效地完成项目，你必须要依靠别人，知道你并且重视你的人越多，你就越容易得到他们心甘情愿的合作。

本章提供的 5 种技术旨在帮助你在更广泛的组织中更有效地工作。第一种技术是使用 PVI 模型来理解和塑造组织中其他人对你的看法（第 86 节）。其他四种技术围绕 PVI 模型的不同组成部分展开。为了改善别人对你的看法，了解如何寻求反馈（第 87 节）和善于与他人建立诚实的关系是至关重要的（第 88 节）。然后是两种可以帮助你扩大影响力的实用技能：一种是培养有效的人际交往技能以提高你的可见度（第 89 节），另一种涉及如何影响你的同事去完成任务（第 90 节）。

86. 了解并塑造组织中的其他人对你的看法（PVI 模型）

这是个令人遗憾的事实：你努力工作并且还很出色，还是一名优秀的团队合作者——但仍然没有引起老板的注意。不仅如此，那些业绩平平的人却在你之前得以晋升，这显然令你感到万分沮丧。

很容易将这种情况的原因归咎于办公室政治（第 78 节），有时候这种想法可能是合乎情理的。然而，也有可能是由于那些人在工作场所更好地展现自我，并且在更广泛的组织中非常合理地发挥了更大的影响力。他们不仅仅想通过努力工作而得到关注，他们还掌控了整个局面，坚持做诚实而坦率的事情，正是这些事情让他们脱颖而出。

那么，如何做到这一点呢？由执行教练乔伊·戈芬科（Joel Garfinkle）提出的 PVI 模型，可以让你获得与自身才能相匹配的认可。PVI 分别表示感知度（perception）、可见度（visibility）和影响力（influence），你需要在这三方面加以努力才能在组织中获得成功：

感知度——这是指他人对你的认识程度。你希望别人如何看待你和别人实际上如何看待你之间可能存在很大的差距，你应该先处理好这种差距，再去尝试用其他方式来提升个人形象。

为此，可以先列出你想要为人所熟知的特点。然后，就这些特点向老板、客户、同事和朋友寻求诚实的反馈意见（我们将在下一节介绍一种非常好的技术）。

当你发现自己所想与现实之间存在差距时，就要为自己设定 SMART 目标来缩小这些差距，并将这些目标记录到你的行动计划中（第 10 节）。

可见度——一旦你确信自己将因为做对事情而获得认可，便可以开始提升你的个人印象了。回想一下自己曾做过的最出色的事情，这样你就可以在提升个人形象的同时保持真实和自信（第 4 节）。

确保老板知道你和你的团队取得的工作成果。当你达到关键目标时，向老板发送简短的进度报告，或者强调团队成员取得的成就，以此加强老板对你和你的团队的关注（更多的相关技巧，参见下面的链接）。

建立人际关系网（第 89 节）对于提高可见度也很重要。尝试主动参加具有挑战性的项目或加入相关委员会，对员工进行关键技能的交叉培训，并自愿向重要的利益相关者做关键项目演示报告。

影响力——建立影响力的一个重要方法是成为你所在组织某个重要领域的专家。成长型思维方式（第 7 节）有助于你做到这一点：尽一切可能培养强大的技能（参见下面的链接），同时在使用这些技能的过程中不断反思并从中汲取经验，也许还可以结合写日志（第 5 节）或项目完工后的评审（第 31 节）等方式。

建立影响力的另一种方法是在整个组织中建立高质量链接。我们在第 63 节对此做了一些探讨，在本章后面我们还将讨论如何建立融洽的关系、同行联盟及更广泛的人际关系网。最后，我们可以借助影响力模型，探讨一种巧妙地影响他人的方式（第 94 节）。

了解更多关于 PVI 模型的内容：http://mnd.tools/86-1

了解如何获取应得的认可：http://mnd.tools/86-2

探索培养强大的技能与专长的方法：http://mnd.tools/86-3

资料来源：改编自 Garfinkle 2011。经 John Wiley & Sons，lnc 许可转载。

87. 寻求反馈（SKS 技术）

在第 86 节，我们看到了管理他人对你的看法的重要性，而获得大量反馈是这一技术的关键要素——反馈可以帮助你从周围的人那里得到信息，了解什么该做，什么不该做，继而调整你的做事方式。如果没有反馈，你对信息的接收会更为缓慢，总会遇到一些你不甚了解和无法应对的问题。任何绩效问题都将持续存在，你可能在不知不觉中惹恼那些对你来说很重要的人。

管理者通常不愿给予反馈，因为反馈会占用他们大量的时间并且很难做好。在许多组织和国家，给予反馈还与它们的文化规范相悖，这意味着你很难从你的管理者那里获得反馈。

这时，SKS 技术便派上了用场。SKS 技术由杨百翰大学的菲尔·丹尼尔斯（Phil Daniels）提出，SKS 分别表示停止（Stop）、继续（Keep on）和开始（Start），具体是指你可以向管理者或同事提出 3 个问题来获得反馈。这些问题是：

- 我应该停止做什么？
- 我应该继续做什么？
- 我应该开始做什么？

"停止做什么"的问题强调了你正在做的错事，可以让你迅速采取行动回归正轨。你一定要充分弄清楚出错的原因，并立刻纠正！

"继续做什么"的问题表明了人们对你工作的欣赏之处，同样也能突显出你尚未注意到的才干。对此你要仔细思考，并继续保持。

"开始做什么"的问题强调了你所做之事与他人的差距及能够提升的空间。看一看这些事对你的情绪造成的影响，它们是否令你感到不安——可能是因为它们违背了你天生的性格（第 1 节），或者你害怕做这些事，或者你有拖延症（第 13 节）。在许多情况下，会有很多克服这些障碍并迈步向前的方法。

SKS 是一种十分有效的技术，因为它操作简单，完全适用于一对一这样的常规会议。如果你能像这样主动地寻求反馈，对于你的老板而言也是更容易接受的，因为老板是被请求给予反馈，所以他们也无须准备。

因此，SKS 会让你掌控获取反馈的过程，能够让你立刻做出改变，而不必为正式的评审会等上好几个月。这也是一种为工作出色争取认可的非常好的方式，它能够确保你所做的贡献得到认可。

小贴士

当你在使用 SKS 技术时，务必要管理好自己的情绪。SKS 的目的是帮助人们快速、轻松地给予你反馈，如果你因为得到负面反馈而"痛哭流涕"，你将不会从中受益。

了解更多关于 SKS 技术的内容：http://mnd.tools/87

资料来源：改编自 Delong 2011。经 Harvard Business Publishing 许可转载。

88. 与他人建立诚实的关系

影响他人如何看待你的另一个方面是你与他人之间建立的个人关系（personal rapport）。研究人员琳达·蒂克尔－德格纳（Linda Tickle-Degnen）和罗伯特·罗森塔尔（Robert Rosenthal）发现，当你觉得与他人关系融洽时，你们有 3 个共同之处。

彼此关注（Mutual attentiveness）——你专注于对方所说的话或所做的事，对方也同样专注于你。

积极性（Positivity）——你们彼此热情友好，喜欢对方陪伴在左右。

协调性（Coordination）——你们彼此做出回应，你们的肢体语言和声调都保持同步。

当我们对他人表现出可靠性和可依赖性，同时也开始理解和信任他们的时候，这种融洽的关系便自然而然地开始了。然而，我们还有更大的余地以一种诚实的、非操纵性的方式积极地发展这种关系。

让我们想象一下你将要初次与某人见面的情景。首先你应该把基本的事情做好，通过精心的打扮和得体的着装来给对方留下一个深刻的印象——可以比将要见到的人稍微光鲜一点儿，但不要过于时髦。要放轻松，保持微笑，记住他们的名字，集中注意力去聆听他们所说的话。

接下来，努力寻找你们的共同点。可以通过闲聊的方式开始你们的谈话（参见下面的链接以了解更多的内容）；提出一些开放的、轻松的问题适当透露一些关于你个人、你的兴趣和经历之类的无关紧要的信息。

你的目的是努力找到与对方的共同经历和兴趣。在找到这些共同点之后，要用一种礼貌的、非争议的方式进行探讨，并分享你对这些事情的个人想法。（如果你们都在参加同一项活动，问一问他们为什么会参加这项活动或者活动中某个特别的展示在他们眼中的有趣之处；在其他情况下，你可以询问他们在哪儿上的大学或者为何进入这个行业。）你可以根据具体情况选择不同的谈话方式。良好的关系需要花费一段时间才能建立起来，所以你不能显得咄咄逼人。

然而，在某个适当的时候，你可能想要分享某个经历。这时你可以邀请对方喝杯咖啡或者共进午餐，或者共同解决一个对你们双方都很重要的问题——也许你的团队成员在彼此协作，那么你可以设计一个流程让大家有效地互动，诸如此类。

最终，你能够与对方建立起牢固的关系，而这种关系在将来会让你们双方受益无穷。

小贴士

- 在与对方一起闲聊的时候，如果你提前准备一些合适的小故事，会对你有很大帮助。稍作准备在这里就可以大有作为！

- 有些人建议把有意识地模仿对方的肢体语言、口头语言或语音模式，比如节奏和语调，作为建立关系的一种方法。如果这种方法运用得当，会对你有所帮助。但是如果草率地使用这一方法，或者对方是"心思敏感"的人，这种做法可能会令对方恼怒，破坏你们的关系，损害你的名声。更有甚者，它可以用来操纵他人，但那样做是绝对错误的。

了解更多关于建立关系的内容：http://mnd.tools/88-1

学习如何进行闲聊：http://mnd.tools/88-2

资料来源：改编自 Tickle-Degnen and Rosenthal 1990。经 Taylor & Francis 许可转载。

89. 培养有效的人际交往技能

一旦人们对你有了良好的认识，PVI 过程中的第二步就是增加你的可见度。有效地建立人际关系网——不论是在组织内部还是外部——会帮助你做到这一点。

原则上，这听起来很不错而且不言而喻。建立人际关系网有助于我们扩大交往范围、发展机会、树立积极的形象，这些益处是不可否认的。但是很多人把人际关系网看作愤世嫉俗和以自我为中心的表现，他们觉得自己会被它"玷污"，所以他们与之抗争。

你需要思考一下你对建立人际关系网持有的态度。如果你把它纯粹看作一种促进自己职业发展的方式，那么，是的，你很可能会以玩世不恭的方式对待它，而且它可能也不太奏效。然而，如果你把建立人际关系网看作学习新事物、认识新朋友、发现新机遇的机会，你就会采用更积极、更成功的对待方式。

那么，如何才能有效地建立人际关系网呢？以下这些简单的步骤会对你有所帮助。

（1）**确定建立人际关系网的目标**。在建立人际关系网时，思考一下你想要的到底是什么。是想获得洞察力让工作更加出色吗？是想在更广泛的组织中拓展人脉吗？是想更好地了解你的行业吗？还是想为自己的企业发现更多的发展机会？你的目标一定要积极并且对他人有益，而不是愤世嫉俗和谋取私利。

（2）**找到相关活动或人际关系网**。接下来，寻找能让你发挥出最大潜在影响力的适当的活动并参与其中。例如，你可以主动加入一些内部委员会、专业协会或商会，或者参加一些人际交往活动。你还可以选择加入网络社交群，当然了，这些在虚拟世界建立起来的关系往往是非常浅薄的——面对面交流建立的关系才是最牢固的。

（3）**想一想你能够提供些什么**。成功的人际关系网是以慷慨和互惠为基础建立起来的——如果你只为自己着想，很快就会被别人看穿。因此，在保护组织机密的同时，好好想想你能够提供哪些有趣或者有价值的东西。（如果你初来乍到，可能难以做到这一点，但是至少应该肯定和感谢别人给予你的时间，或许这就是你所需要做的一切。）

（4）**做好准备**。在每次活动之前，记住一段简洁的"电梯游说"（elevator pitch），介绍你是谁，你是做什么的（下面的链接在这方面会对你有所帮助）。设想一些能够鼓励人们对你敞开心扉的话题，比如"关于……你最喜欢什么"。练习回答这类问题，以便你在聊到那些令你兴奋的话题时可以侃侃而谈。

（5）**在建立人际关系网时，要牢记自己的目标**。当你真正开始建立人际关系网时，切记以下几点建议。

- 在一个拥挤的房间里，寻找那些独自站着的人，或者那些人数较少、在随意闲聊的开放人群，而不是那些正在激烈交谈的封闭人群。
- 要专注于与人们建立良好的关系，而不要对他们进行盘问以窥探他们是否会给你带来好处。当你觉得即将没有什么可聊的时候，就要结束交谈——例如，你可以向他们索要名片，告诉他们这真是一次愉快的谈话，然后与他们告别。

了解更多关于有效建立人际关系网的内容：http://mnd.tools/89-1
了解如何准备电梯游说：http://mnd.tools/89-2

90. 促使你的同事去完成任务
（尤克尔和特蕾西的影响策略）

PVI 模型的第三部分是影响力。当你与同事一起工作时，影响力便显得尤为重要了，因为你通常不具备正式职权让他们遵守你的要求。

影响他人的方法有好坏之分，所以了解它们的区别很有必要。在这方面，了解加里·尤克尔（Gary Yukl）和 J. 布鲁斯·特蕾西（J. Bruce Tracey）提出的 11 种影响策略会对你有所帮助。在这些策略当中，有 6 种是积极策略，另外 5 种是消极策略。

在使用积极的策略时，你与他人的关系不会受到损害。具体如下所述。

（1）**理性劝导**（Rational persuasion）——运用可靠的事实和逻辑论证来阐明你的论点。例如，你可以为营销活动提出一个经过了充分研究的商业案例，它会为你的商业活动带来好处。

（2）**告知**（Apprising）——向对方解释帮助他人会如何*间接地*使自身受益。例如，你可以着重讲述你的同事通过协助营销活动取得成功，从而在董事会那里提升了自己的形象。

（3）**精神呼吁**（Inspirational appeal）——把你的想法与对方的价值观和理想联系起来。例如，如果对方很关心环境问题，而你想要推销的产品恰好有利于环保，那么通过强调这一点，你可能会促使他为这个项目做出贡献。

（4）**咨询**（Consultation）——在确定计划之前与关键人员一起探讨你的计划，让他们有一种参与感。如果真诚地跟他们商议，并且认真考虑他们的意见，那么他们可能会更加支持这个计划。

（5）**交换**（Exchange）——你可以与对方进行交换，比如用你自己的时间或者其他必要的资源来换取对方的帮助。我们在第 100 节探讨双赢谈判时会更详细地对此进行讨论。

（6）**合作**（Collaboration）——尽你所能为对方帮助你提供便利。例如，你可以尽可能地多做些烦琐和耗时的那部分工作，这样他们就能够快速、轻松地完成任务。

消极的策略可能让人产生一种被操纵的感觉，从而破坏你与他人的关系。具体如下所述。

（1）**强调合法性（Legitimation）**——试图通过引用组织规则和程序这样的方式凌驾于对方之上。这种做法有时候没什么问题，但也可能会导致对方心生怨恨或不情愿的服从。

（2）**建立联盟（Coalition）**——与他人"拉帮结派"来迫使对方采取行动。这会让对方感觉受到了欺凌，并且自己的意见也没有得到重视。

（3）**强迫施压（Pressure）**——威胁对方，提出过分的要求，或者在他们说"不"之后继续提出要求。这会让对方倍感压力和愤怒，也让他们对此耿耿于怀。

（4）**逢迎（Ingratiation）**——在让对方做某事之前，试图让他们自我感觉良好。然而，这往往给人留下不够真诚的印象。对方可能无视你的赞美或奉承，并对你的动机产生怀疑。

（5）**个人呼吁（Personal appeals）**——你可能会以友谊、忠诚或善良为理由，要求某人做某事。但是，这种策略存在着风险，即人们会觉得你是在利用他们——他们可能期待你也能投桃报李，而你却不愿给予回报。

了解更多关于尤克尔和特蕾西的影响策略的内容：http：//mnd.tools/90

资料来源：改编自 Yukl 2012。经 Pearson Education，Inc 许可转载。

第 17 章

在组织中实现变革

企业在成长和壮大的过程中逐渐形成了良好的发展势头——它们雇用具有特定职业技能和工作态度的员工，并制订正式的工作流程来维持特定的运行方式，往往还建立一套非常严格的绩效衡量标准。然而，当商业环境发生重大变化时，它们逐渐累积起来的各种能力将很快成为不利因素。在诺基亚、柯达及百视达这样的商业巨头悉数没落的案例中，我们总会发现其原因往往在于主管们未能达到企业发展所需要的变革规模。通常，主管们都能够很好地认识当前的形势（例如，早在苹果手机推出之前，柯达就已经发明了数码相机，而诺基亚也研发出了触屏手机的原型），不过要从根本上改变大企业的结构、工作流程以及人员，往往非常困难。

因此，管理变革的能力十分重要，其重要性不仅仅只针对高管级别。中层管理者也必须有能力在其职责范围内领导变革计划，在大规模变革进程中发挥积极的作用。本书中提及的大多数技术都是在一个很明确的框架内进行操作的——甚至对于创造力和创新力的技术，都假定企业作为一个整体具有一定程度的稳定性。但在这一章中，我们采用不同的方法，着眼于实现重大变革所需要的各种技术。

所谓重大变革，指的是那种让很多人感到不舒服，能够产生成功者和失败者，并需要真正的领导力来帮助人们理解的那类事情。

本章先从了解你的变革计划的利益相关者——他们是谁及他们有何需求（第91节）开始。其次，我们将运用约翰·科特著名的8步变革模型来讨论变革过程中所需要的关键步骤（第92节）。最后，我们介绍一种用来理解人们在经历变革时的情感反应（第93节）的技术。我们还将探讨能够有效说服和影响他人的策略（第94节）。

这4种技术都假设你具有一定的资历水平，并且具备一定的正式权力带领人们进行变革。最后一种技术有所不同——它适用于那些缺乏正式权力但试图领导变革的较低级别的管理者（第95节）。

91. 了解利益相关者的需求，带领他们一起变革（利益相关者的管理与权力／利益方格）

我们都见过由于人的问题而导致项目失败的事件。为了促成变革，耗费了大量的财力和精力，但其结果却是关键人物拒绝变革或最终用户不去使用所提供的新工具。

这种情况时常发生，原因是事先没有向正确的人咨询或告知当前的情况，或者他们对于项目的需求并不"买账"。因此，利益相关者管理（stakeholder management）是变革项目至关重要的一部分。项目越大，涉众越广，这种管理可能就越重要。

利益相关者是指与项目的成功有利益关联并能够影响其结果的人们。他们可以是雇员和管理者这样的显性群体，也可以是投资者、政府组织、行业协会、工会、压力集团或舆论媒体这样的隐性群体。

为了使你的变革项目尽可能地取得成功，从一开始就对管理利益相关者进行管理是明智之举。要做到这一点，需要遵循以下步骤。

（1）确定相关的利益相关者。 运用头脑风暴，努力想出对你的项目感兴趣并可能受到项目结果影响的人。表 17.1 罗列了变革项目可能涉及的利益相关者。

表17.1 变革项目中可能的利益相关者

你的老板	股东	政府
高级管理者	联盟伙伴	商业协会
同事	供应商	新闻媒体
团队成员	投资者	利益集团
客户	分析师	公众
潜在客户	未来员工	社区
家庭	主要贡献者	主要顾问

（2）评估他们的权力、利益和支持程度。对于每个利益相关者，你都要评估他们可能对你的项目造成影响的大小，他们的利益水平以及他们对项目可能持有的积极或消极的态度。

将这一分析标绘到权力／利益方格（power/interest grid）上，如图 17.1 所示。这有助于你明确要在什么地方集中进行沟通和实施影响。同时，你也会从中了解到对于不同的人要采用什么样的方式。

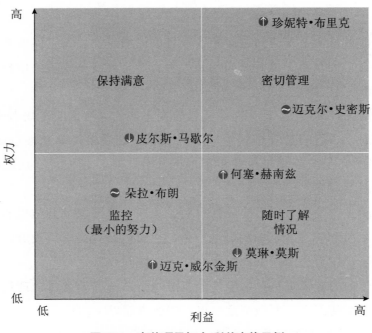

图17.1 变革项目权力/利益方格示例

（3）**计划一下你将如何"管理"利益相关者**。对于每个重要的利益相关者，想一想他们最重要的利益和问题所在，你想从他们那里得到什么样的支持，你应该如何与他们合作以赢得支持。（更多相关的内容，参见我们的下一个工具：科特的 8 步变革模型。）

小贴士

你可以把某些特定的组织看作利益相关者。但是在沟通的时候，你要在那个组织中找到正确的人作为沟通对象。同时，你要在个人层面而不是组织层面上对利益相关者进行沟通管理。

了解更多关于利益相关者分析的内容，包括使用交互式权力／利益方格工具：http://mnd.tools/91-1

了解如何管理利益相关者的内容，包括下载利益相关者管理模板：http://mnd.tools/91-2

资料来源：改编自 Mendelow 1981。

92. 了解变革过程取得成功所需要的关键步骤（科特的 8 步变革模型）

在你确定了项目中最重要的利益相关者之后，下一步就是与他们沟通并且对其进行"管理"，从而使他们更加热情地支持你的项目。在这里，科特的 8 步变革模型（Kotter's eight-step model）会对你有所帮助。该模型发表于 1995 年，是在 100 多个变革项目的经验教训的基础上提出的。要想运用这一模型，需要遵循以下步骤：

（1）**建立紧迫感**。要了解你的组织和市场的情况，并对变革的重要性和紧迫性进行说明。

（2）**形成强大的联盟**。将一群手握实权、富有热情并具备一定影响力的人聚集到一起，推动变革项目向前发展（理想情况下，这个联盟应该包括在前文提到的各方利益相关者——参见第91节）。

（3）**创建鼓舞人心的愿景来指导变革**。我们在本书中多次提及愿景的重要性。在这里，也要制订一段激励性的简短陈述，它囊括了变革项目实施后组织（或组织的一部分）的预期未来状况。

（4）**在整个组织中进行愿景沟通**。不要只进行一次有关愿景的讨论——只要有机会，就与人们进行沟通，让他们能够清晰地记住愿景，并与他们开诚布公地讨论其所关心的问题。

（5）**授权他人根据愿景采取行动并清除变革障碍**。你不可能事事亲力亲为，所以要通过授权赋能来构筑动力，尽你所能让人们更容易地支持你。

（6）**计划并创造速赢**。通过赢得一些初始的"成效"来表明你已经进入正轨，进而展示你的项目具有成功的潜力。这将帮助你建立和保持人们对项目的热情。

（7）**巩固成果并推行更多的变革**。在科特研究中，有些项目失败的原因是管理者过早地"宣布胜利"，然后继续推进，但是这些变革尚未完全确立，取得的初始成果也逐渐消失了。为了维持变革，你需要定期制订新的目标，并引入新的变革领导者来保持前进。

（8）**将新的变革方法制度化**。最后，要想让变革成果固定下来，你要把它们变成企业文化的一部分。抓住每个机会持续地"推销"变革项目，表扬那些支持项目的人，确保评审系统和奖励系统与变革保持一致，并且确保处于关键角色的新管理者是新方法的天然支持者。

了解更多关于科特的8步变革模型的内容：http://mnd.tools/92

资料来源：改编自 Kotter 1995。经 Harvard Business Publishing 许可转载。

93. 预料并管理人们对于变革的情绪反应（变革曲线）

科特的 8 步变革模型对倡导和激发变革很有帮助，但是它不能描述人们在受到变革影响却无法控制变革时所经历的各种情绪。这些情绪可能是负面的，如果你没有做好应对的准备，它们会严重破坏或者阻碍你的变革项目。

在这种情况下，了解变革曲线（the change curve）及如何帮助受变革影响的人渡过变革的阶段，会对你有所帮助。人们通常将变革曲线归功于精神病学家伊丽莎白·库伯勒－罗斯（Elisabeth Kubler-Ross），因为变革曲线正是从她对人们经历悲伤时的转变过程的研究中衍生而来。具体示例如图 17.2 所示。

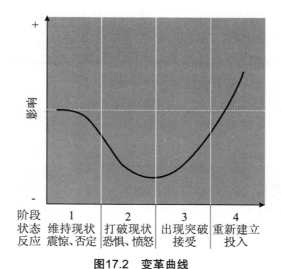

阶段	1	2	3	4
状态	维持现状	打破现状	出现突破	重新建立
反应	震惊、否定	恐惧、愤怒	接受	投入

图17.2 变革曲线

资料来源：Kubler-Ross 1969。经 Scribner，a division of Simon & Schuster，lnc 许可转载。

许多人在面临突如其来的变革时都会经历一种可以预测的情绪模式。在第一阶段，人们会在现状受到挑战时感到震惊，甚至可能会否认变革正在发生。在第二阶段，随着人们开始经历变革的影响，他们会产生恐惧和愤怒的反应，他们可能进行积极抵制，组织绩效可能也会因此遭到严重的破坏。

如果人们成功渡过了第二阶段，他们可能会进入第三阶段。在这一阶段，人们放手并接受变革，他们开始探索变革对他们意味着什么以及该如何适应它。最后，在第四阶段，他们拥抱变革，每个人都能从中受益。

管理这些阶段的诀窍在于预料它们并帮助人们做出调整——这可以让你减少负面风险，缩短适应所需要的时间，增加你取得成功的机会。

在第一阶段，集中提供信息和回答问题，而不要用细节让人们晕头转向（如果他们极度沮丧，那么他们在任何时候都只可能接受少量的信息。）

在第二阶段，你需要做好准备应对愤怒。要预料到会有反对或顾虑的情况，秉持诚实的态度，尽你所能去处理这些问题，以便赢得别人的支持。（为此，我们将在第 94 节介绍一种有效的工具。）

在第三阶段，为人们提供大量的培训和支持，让他们尝试新的方法，探索变革带来的机遇。

在第四阶段，庆祝项目的成功，确保每个人的贡献都得到公平和恰当的认可。

了解更多关于使用变革曲线的内容：http://mnd.tools/93

94. 有效地说服和影响人们（影响力模型）

我们讨论如何说服别人来支持你的变革项目固然很好，但这做起来并不容易，尤其是当人们感觉受到了该项目的威胁并因此变得愤怒的时候。

这就是影响力模型（the influence model）可以帮助你的地方。该模型由艾伦·科恩（Allan Cohen）和大卫·布拉德福德（David Bradford）这两位研究者在2006年提出,它基于互惠原则,即公平交换,以赢得人们的支持。当人们不支持你的时候,当你和他们的关系很差或者不复存在的时候,当你用尽了其他方式试图说服他们来帮助你的时候,这个模型就显得特别有用。要想使用它,可以遵循以下步骤。

(1)**假设每个人都是潜在的盟友**。即使你没能成功地与对方合作,也要从这样的假设开始——如果你努力争取的话,对方就会回心转意。如果你认为对方怀有敌意并采取相应的行动,那么你所做的一切就是引发对方敌对的行为。

(2)**明确你的目标与优先事项**。要完全清楚你想从对方那里获得什么。对你的目标进行优先级排序,这样你就知道该关注什么,并把真正的目标与"自以为是"或"强辩到底"分离开来。

(3)**了解潜在盟友的世界**。试着去了解对方所关心的事情及他们承受着什么样的压力。直接询问对方是一个好方法。如果无法做到,那就试着站在他们的角度去考虑问题——例如,想一想他们老板对他们的要求是什么,他们是如何被评估或得到奖励的,他们同意你的要求会付出多少代价。

(4)**识别相关的"货币"——你和盟友之间的"交易货币"**。想一想你的潜在盟友在乎的是什么——是金钱、声望、知名度还是其他什么东西。然后,想一想你所拥有的资源,无论是具体的物品,比如金钱或物资;还是非具体的资源,比如帮助、情感支持、意义、人脉或者来自他们所在意的人的尊重。

(5)**以正确的方式接近对方**。首先要考虑你和对方之间的关系到底如何,这会影响你如何接近对方。然后想一想他们喜欢哪种信息接收方式——是面对面的会议,是共进午餐,还是通过电子邮件来交流。仔细聆听他们想要什么,并以一种他们感到舒服的方式与之交往。

(6)**进行交易**。一旦你知道对方想要什么和你有什么可以交易,就可以发出一个合适的提议(参见第100节中的双赢谈判)。要以增进信任的方式进行交易——毕竟,将来你可能还得再次与他们打交道。理解并尊重对方,对他们的帮助要表示感谢。

小贴士

我们在第16章（第90节）介绍了尤克尔和特蕾西的影响策略，在第18章讨论谈判时还将再次谈及"影响"这一话题。你可以将这些工具配合在一起使用，以更好地应对具体情况。

了解更多关于影响力模型的内容，包括查看示例演示：http：//mnd.tools/94

资料来源：改编自 Cohen and Bradford 2005。经 John Wiley & Sons，Inc 许可转载。

95. 在不具备正式职权的情况下引领变革（"隐身创新"）

你需要说服的不仅仅是受变革影响的普通员工，有时候你还需要赢得一些保守的高级管理者的支持，因为他们可能不会资助为了证明某个想法而需要做的工作。一种可行的办法是私下悄悄地发展你的想法，并在未经事先批准的情况下尽早证明这一想法是成功的。

有些激进的想法在组织内部具有潜在的破坏性，这些想法需要更多的工作才能完全成型，但最终也可能在有机会证明其可行性之前就遭到高级管理者的否决。在这种情况下，上面提到的方法特别有用。（这一点很重要，因为某个想法一旦被忙碌的高级别的利益相关者拒绝，即便问题已经解决，想法也得到显著的改进，还是很容易被摒弃。）

隐身创新（stealth innovation）这一概念的有用之处就在于此。帕迪·米勒（Paddy Miller）和托马斯·韦德尔－韦德尔斯伯格（Thomas Wedell-Wedellsborg）在2013年的《哈佛商业评论》上发表的一篇文章中对此进行了描述。根据他们的观点，要想进行隐身创新，你需要做到以下几点。

（1）**争取中层管理者的支持**。有些管理者平易近人，能够帮助你的项目获得成功，你需要在这些人当中建立支持网络。选择信任你和赏识你的管理者。征求他们的建议，并对项目进行相应的塑造。

（2）**证明你的想法有价值。**构建一个廉价的产品或服务的原型（最好是在业余时间利用借来的或自购的资源进行制作），并在一小群低风险的真实用户身上进行测试，以了解他们对原型的看法。[更多相关内容，参见设计思维工具（第44节）。] 这样做是为了收集表明想法会获得成功的可靠数据。当然，如果收集到的是负面数据，那就在这个阶段放弃该想法，即使它还没引起人们的注意，而且几乎没有什么风险。

（3）**通过恳求、借用或寻找去获得你需要的资源。**你不大可能得到隐身项目的预算——所以要用你的智慧去获取你需要的资源。你可以利用人脉关系网，去借用闲置的设备，获取空闲的或多余的资源，还可以用已有的资源换取所需的资源，或者向世界大咖求得几个小时的交流时间。

（4）**制订沟通计划。**如果你的项目在没开始之前就引起了高层的注意，你需要知道该说些什么及如何处理那种情况。米勒和韦德尔－韦德尔斯伯格建议将它与现有的项目或战略优先事项相匹配，因为许多项目都没有明确的边界。另一种办法是说你正在为一项提案做研究，你打算在对想法进行适当的测试后再向高级管理者提交这个提案。

在某些时候，你需要以一种正式的方式提出隐身项目，以便得到高级管理层的支持和资助，不过如果你采取了上述步骤，你成功的机会将会大大增加。

小贴士

在使用这种方法时，要非常小心谨慎，不要打乱现有的工作计划。在组织中，资源可能是稀缺的，高级管理者可能为了使他们的项目文案得以资助和实施而进行过激烈的争取。如果你的隐身创新工作减缓了这些项目的交付进度，你将会遇到麻烦！

了解更多关于隐身创新的内容：http://mnd.tools/95

资料来源：改编自 Miller and Wedell-Wedellsborg 2013。经 Harvard Business Publishing 许可转载。

第18章
有效地与客户和外部利益相关者合作

尽管管理者的大部分职责往往集中在公司内部（即让员工完成工作），但是对外部保持一定程度的关注也是至关重要的，更具体地说，就是要关注公司产品和服务的最终客户或用户。如果你从事的是销售、营销或者客户服务方面的管理工作，你理所当然会这样做。但对于在工厂、供应链和行政支持部门工作的管理者来说，心里装着客户也同样重要。例如，许多制药公司非常重视邀请患者和医生与财务和后勤支持这样的后台工作人员进行交谈。这样做有助于提醒他们公司为什么存在，以及最终需要应对什么需求。一些研究已经表明，与客户进行这种互动有助于员工保持工作的积极性并更好地决定把自己的努力集中于何处。

在这最后一章，我们将提供一些技术和框架，帮助你了解客户，并能够有效地与之合作，同时与各种外部利益相关者建立关系。

我们首先来看如何了解客户的两种具体技术。一种是通过创建能够代表特定客户群体的画像来了解你的客户的世界观（第96节），另一种是通过绘制客户在实际中如何体验你的产品和服务来了解并发展你与他们的关系（第97节）。

其次，我们将深入讨论适用于销售和客户谈判的特定技术。第一步，我们帮助你了解在另一个组织中如何制定决策（第98节），以便你能够找到正确的交谈对象并施加影响。第二步，我们讨论谈判的一些挑战，先是介绍在既定的谈判中应该采取的特定方法（第99节），再分析如何与对方合作，从而在谈判中创造互惠的结果（第100节）。

96. 了解客户的世界观（建立客户画像）

为了能够有效地服务客户，你需要了解他们是谁，他们如何看待这个世界，以便围绕他们的需求来设计产品和服务。我们在介绍设计思维（第44节）和民族志研究（第45节）时也曾提到这一点的重要性。

如果你正在经营一家小公司，采取以客户为中心的方法相对容易，因为你通常每天都在与客户或潜在客户打交道，你遇到的都是他们独特的问题和挑战。然而，随着企业规模的不断扩大，你越来越远离日常销售，或许开始以通用或同质的方式看待客户。其结果是，你们之间的交流可能以相悖的、沉闷的和偏离目标的方式结束。

这时候，建立可以代表典型受众的画像对你很有帮助。它是一段以研究为基础的关于典型客户的简短描述，写起来就好像在描述一个真实的人，有名字，有面孔，有性格，有背景故事，有看法，有好恶，也有需要解决的问题。

当你与受众进行交流时，如果在脑海中记住这个画像，就能跟他们产生强烈的共鸣，更能理解他们的处境和需求，这样就能为他们提供更好的服务。

那么，如何建立客户画像呢？首先，对你要服务的客户群进行人口统计分析。先从客户调查数据中的性别、年龄、住所和职业信息入手，围绕其中出现最频繁的值建立画像。如果还有婚姻状况、家庭角色和构成，以及薪资和教育的数据，也要加以使用。否则，就对典型值进行研究。

其次，采访一些与画像相匹配的客户——如果你有客户资源，至少采访5人，最多采访30人。询问一些普通的问题，比如关于他们的生活和工作目标、背景和兴趣、影响他们思维方式的关键事件、价值观和恐惧的事情、挫折、日常生活模式及他们所使用的媒体，这样你就可以全面地了解他们。

最后，集中研究他们如何使用你的产品或服务。他们是如何注意到你的产品或服务的？在购买过程中，他们有何感想？他们喜欢产品或服务的哪些方面？如果可以，他们可能会如何加以改进？

将所有的信息整合在一张纸上，从库存照片中选择一张图片来代表与你交谈过的客户，并给这个人起一个合适的名字。添加个人背景资料，拟出一个可以总结这个人的标签。根据你的研究写一段背景文字。尽可能地把客户画像的各种信息组合起来，使它成为一个你可以认同并与之产生共鸣的人。

下一次当你想对这个客户群进行营销时，把这个画像放在你的脑海中，并围绕它来设计你的产品或服务。如果你这样做，你的客户会对你更感兴趣，认为你与他们更为贴近！

小贴士

你可以将客户当作具有单一画像的单一受众，不过这种"一刀切"的方法适合某些人，却未必适合所有人。通常更好的做法是，将受众分成若干细分群体——具有共同特征和需求的个体群（参见下面的链接）。每个客户细分群体应该用不同的画像来表示。

了解更多关于建立客户画像的内容，包括查看示例：http://mnd.tools/96-1

了解更多关于市场细分的内容：http://mnd.tools/96-2

97. 了解客户并与之建立关系（绘制客户体验地图）

一旦你对客户是谁有了深刻的认识，接着就要了解他们如何与你的组织进行互动，以便让他们获得最佳的体验。在这样一个客户评论和星级评定影响人们购买行为的世界里，"取悦"客户这个概念是很重要的。

问题是，组织通常是复杂的，许多不同的团队都对客户体验产生影响，每个团队都为客户提供特定的服务。即使有些团队高效地完成了他们的工作，但团队间糟糕的交接问题常常给客户带来不满意的体验。

绘制客户体验地图（customer experience mapping）可以帮助你从客户的角度看待你所提供的服务。它有助于你为客户提供令其愉悦的无缝融合的体验。表 18.1 就是一个简单的示例。

表18-1　客户体验地图示例

时间轴	在谷歌搜索"租车旧金山"（租车网站出现在页面顶端）	在网站上查找两个日期之间的可租车辆	预订车辆	到租车点取车
接触点	谷歌	网站	网站	租车点
情感	容易找到。看起来不错	好吧，但为什么得按位置查找信息呢？许多租车点在半英里以内	喜欢提供的汽车。喜欢碳抵消选项	排长队等候。办事员过于慌乱
系统和团队	网站搜索引擎优化（SEO）团队	网站预订管理系统网站开发、预订管理团队	网站预订管理系统网站开发、预订管理团队	预订管理系统预订专员
改进建议	最大限度地为所有城市提供车辆布局	将所有车辆整合在周围半英里以内		配备自动取钥匙系统

绘制客户体验地图有许多不同的方法——我们在下方提供了一个链接，里面有多幅不同格式的图片。（注意，客户旅程地图与客户体验地图在本质上是一回事。）通常，客户体验是使用一系列横穿页面的"泳道"表示出来。各个泳道显示的内容如下。

一条显示客户购买和使用你的产品或服务的各个环节的**时间轴**。

客户在体验的每个环节与你的组织进行互动的**接触点**。

某种指示符——通常一种表情符号——显示客户在经历每个环节时所产生的**情感**。

客户体验地图还可能包含附加的泳道，例如：

在每个环节所涉及的一系列**内部团队和系统**。它们可以划分为"前台"要素和"后台"要素。

在每个环节所提出的一系列**改进建议**。

理想情况下，你的客户体验地图应该由一线员工（他们向客户提供服务，了解每个环节所涉及的复杂的细节）和实际用户（他们了解使用这项服务的经历和挫折）共同创建。如果你起草了客户体验地图，请向自己提出以下几个问题。

这一过程是否有意义并且以一种高效的、易于遵循的方式展开？如果不是，你能为此把事情重新整理一下吗？

严格说来，每个环节是否都有必要存在？还是由内部结构的缺陷造成的？例如，如果信息更容易查到，你是否还需要让客户在团队之间往返？你是否真的需要在每个环节都设置一个账号（不可能期望客户对此都知晓）？是否还可以使用其他已知的标识符？

你的客户在每个环节遇到的最常见的挫折和问题是什么？例如，你是否多次向他们索要相同的细节信息？你是否对已经采取关键的行动给予适当确认？

> **小贴士**
>
> 　　有可能在各个接触点上都有很高的客户满意度，但最终仍然会出现不满意的客户。这是因为整个"客户旅程"错综复杂，令人迷惑。因此，除了要处理好每个交互接触点之外，还要确保整个旅程从客户的角度来看是有意义的。

　　了解更多关于绘制客户体验地图的内容：http://mnd.tools/97-1

　　查看可用来绘制客户体验与旅程地图的多幅不同格式的图片：http://mnd.tools/97-2

98. 了解其他组织如何制定决策（绘制影响地图）

　　虽然星级评定和用户评论会影响到许多消费品的购买决策，但是 B2B 产品的购买过程可能截然不同，组织客户中可能有许多人参与到购买决策中。很多缺乏经验的销售人员都遇到过这种令他们心灰意冷的情况：本以为自己做成一笔生意，结果却发现购买决定需要由对方所在的组织的老板，以及采购、信息技术等多个部门最终签署。

　　这不仅仅局限于你试图做成生意的情形。整个组织网络中的人们都会以某种方式影响着几乎所有的重大决策，所以你只有满足所有这些人才能得到想要的决策。

　　你可以使用一种叫作绘制影响地图（influence mapping）的技术来了解在某种情况下谁是关键的决策者，以及影响他们做出决策的人际网络。图 18.1 就是一幅典型的客户服务系统购买决策的影响地图。

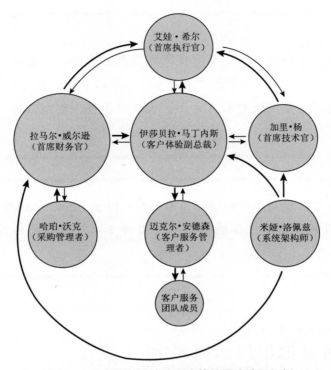

图18.1 客户服务系统购买决策的影响地图示例

在这里，圆圈的大小表示人对决策的影响程度。箭头和箭头的方向表示存在的影响关系，箭头的粗细表示这些关系的强度。

在上述示例中，销售人员到目前为止一直在与客户服务管理者迈克尔·安德森打交道。迈克尔和他的团队喜欢这套客户服务新系统。然而，据图标显示，迈克尔并不是真正的决策者。

艾娃·希尔和加里·杨分别是首席执行官和首席技术官，如果他们对新系统不满意，将有权终止合同，但他们对这个项目并不是特别感兴趣。因为他们还要考虑其他的一些事情，所以就让他们的下属自己去决定。

迈克尔的老板、同时也是客户体验副总裁伊莎贝拉·马丁内斯是一个关键的决策者，她需要协调公司的其他部门，才能签字批准购买新系统。她与系统架构师米娅·洛佩兹关系很好，非常重视她的技术见解。然而，伊莎贝拉与首席财务官拉马尔·威尔逊的关系较弱，但需要他的同意才能签署合同。

拉马尔是另一个关键的决策者。他喜欢伊莎贝拉，但他的工作是确保协议从经济和商业角度来看具有合理性。他把很多细节问题委托给采购管理者哈珀·沃克处理，并相信他的看法。同时，拉马尔也很尊重米娅的技术见解。

这意味着销售人员需要得到米娅·洛佩兹、哈珀·沃克、拉马尔·威尔逊和伊莎贝拉·马丁内斯的同意之后，才能达成协议——她还需要做更多的工作，向这些人提供令他们满意的信息，只有这样才能完成销售。

上述例子显示出为了让外部组织对某件事达成一致意见，你可能需要做的那类工作。然而，这种方法同样适用于你对自己的组织中不能直观理解的部分。正因如此，它可以作为一种通用项目管理和变革管理的有用技术（参见我们在第 91 节介绍的利益相关者分析方法）。

了解更多关于绘制影响地图的内容：http://mnd.tools/98

99. 决定最佳的谈判方式（列维奇与希亚姆的谈判矩阵）

谈判是购买过程中的一个关键部分，尤其是在购买昂贵的项目（比如第 98 节中的那个客户服务系统示例）时，谈判的重要性更为突显。人们经常在决定采取何种谈判方式的问题上犹豫不定：是采取强硬的态度，尽力为自己和组织争取到最好的交易，还是采取一种更具共识性的、对双方都有益处的双赢方式？

答案取决于你的具体情况。罗伊·列维奇（Roy Lewicki）和亚历山大·希亚姆（Alexander Hiam）在他们所著的《掌握商务谈判》（*Mastering Business Negotiation*）一书中提出的谈判矩阵（negotiation matrix），可以帮助你思考最佳方法是什么（参见图 18.2）。

在这个矩阵中，横坐标表示结果对你的重要性，纵坐标表示长期关系对你的重要性。它的简单逻辑是，当谈判的结果对你来说无关紧要时，就无须费心费力。如果你不希望与对方建立长期关系，就可以提出更高的要求。矩阵的不同区域显示了在不同情况下你应该使用的策略。

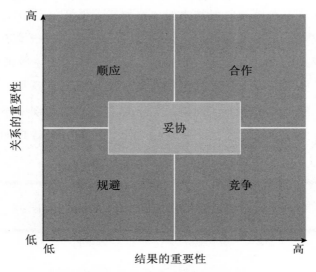

图18.2　列维奇与希亚姆的谈判矩阵

资料来源：Lewicki and Hiam 2010。经 John Willey & Sons，lnc 许可转载。

规避（Avoiding）（结果重要性低，持续关系不重要）——不要在谈判上浪费时间。要么退出，要么接受对方的条件，继续往下进行。

顺应（Accommodating）（结果重要性低，持续关系重要）——同样地，不要在谈判上浪费太多时间。做出一副抗拒的样子，这样人们在未来谈判中就不会认为你是一个容易说服的人，但是你要广泛地接受别人的提议和帮助，这样你可以最大限度地获得别人的善意。（"由于你的原因，我们愿意接受。"）

妥协（Compromising）（结果具有中等的重要性，持续关系具有中等的重要性）——这种情况不值得我们花费时间精心制订详细的协议。你想要在结果上有所改善，就需要与对方保持一定的持续关系。在这种情况下，最快的方法通常是知道你想要什么，了解对方想要什么，并达成妥协。

竞争（Competing）（结果重要，持续关系重要性低）——在这种情况下，你可能要采取强硬的态度。你不想再与对方打交道，你想要尽可能地达成最好的交易。你要表现得强硬一些，假如对方同样不想与你继续打交道，他或她也会表现出同样强硬的态度。（个人买房或者买车时就可以用上这种类型的谈判策略。）

合作（Collaborating）（结果重要，持续关系重要）——在这种情况下，你需要获得好的结果，想要与对方保持牢固的持续关系。此时你的谈判方式应该是专注于共同合作，为双方识别机会、创造机会，从谈判中得到你想要的结果及任何未来的关系。在介绍双赢谈判（第100节）时，我们将讨论如何做到这一点。

小贴士

- 正如你在使用这个模型，对方也可能在有意识或凭直觉地使用它。因此，在开始谈判前，你要从他们的角度审视情况，思考他们可能会采用的策略，适当调整你的方法。

- 当处于竞争的情况时，你要记住自己的个人道德观。确保你采取的任何方法都不会损害你的名声，但你也要坚持自己的要求。要知道对方的道德感可能没有你那么强，因此你要抵抗任何不恰当的行为。

了解更多关于列维奇与希亚姆的谈判矩阵的内容：http://mnd.tools/99-1

了解分配式谈判，一种可以在谈判矩阵的妥协和竞争区域中使用的方法：http://mnd.tools/99-2

---

100. 合作创造互惠的结果 （双赢谈判）

在很多情况下（如我们在第99节中所见），你需要采取合作的方式进行谈判——你想要获得成功的结果，但同时也想与谈判的对方维持牢固持续的关系。这时候，双赢谈判（win-win negotiation）是一种值得使用的非常好的技术。

首先是要做好充分的准备。思考以下几件事。

目标（Goals）——你在谈判中到底想得到什么？你觉得对方想要什么？（记住你或许会判断失误，所以在谈判时你要想方设法对此进行确认。）

关系（Relationships）——你与对方之间以前是否存在某种关系？关系是好还是坏？如果存在，你需要怎么做才能保证谈判的成功？如果不存在，你该如何与对方建立工作关系？

权力（Power）——谁在谈判中拥有最大的权力？谁控制着稀缺资源？如果没有达成协议，谁会遭受的损失最小？

谈判协议的最佳替代方案（best alternative to a negotiated agreement，BATNA）——你与对方达成的谈判协议的最佳替代方案是什么？如果你们未能达成协议，这就是你们的备用计划（fallback position）；如果它特别没有吸引力，你们可能需要在谈判中做出更多的妥协。

交易（Trades）——你们双方有没有什么东西是对方想要的，而为了达成交易彼此愿意送给对方的？

可能的解决方案（Possible solutions）——基于上述几点，双方可能会出现什么样的妥协或者改善的结果？

在进行谈判时，双赢谈判的过程与我们在第76节提到的原则性谈判方法非常相似。事实上，你可以认为化解冲突只是双赢谈判的一个特例。这个过程的步骤是，优先考虑人际关系，把人和事分开，仔细聆听人们的不同利益，先听后说，创造互惠互利的选项，并使用客观标准的在选项中做出选择。

这些步骤中最重要的是创造各种互惠互利的选项。你要在此多花费些时间，这样才有可能产生皆大欢喜的结果。

小贴士

　　谈判协议的最佳替代方案很重要，当你在准备谈判时，花些时间对它们进行思考是值得的。具体步骤如下：

　　1.列出如果你们达不成一致你可能采取的其他行动。

　　2.改进最有希望的行动，并将其发展成为切实可行的选项。

　　3.选择最好的选项，这就是你的谈判协议的最佳替代方案。

　　4.然后思考对方的谈判协议的最佳替代方案是什么。他们对此可能清楚，也可能不清楚，但对此有个想法将有助于你避免做出不切实际的提议。

　　了解更多关于双赢谈判的内容，包括下载谈判准备模板：http://mnd.tools/100

附　录
调查方法

来自世界各地的 15 000 多名管理者促成了本书的诞生。他们向我们提供了对各个管理领域中最重要的工具和技术的看法，这帮助我们最终选出了本书所囊括的工具。本附录对我们使用的方法做一些附加说明。

第一步是拟出一份长长的工具清单。我们在 MindTools.com 上列出了 1 000 多种工具、框架和概念，作为调查的出发点。在着手对这些工具进行分类的时候，我们选用 3 个同心圆（管理自己、管理他人、管理更广阔的背景）作为简单的组织框架，并把每个圆进一步分解成连贯的要素，由此构成了本书的 18 章内容。

对于每一章，我们根据自己的判断和分析，以及工具在 MindTools.com 上的受欢迎程度，把 10 ～ 12 种工具放在一起列成一份长清单。在网上调查中，我们要求受访者从这份清单中选出前 5 种最重要的工具。这是我们调查设计中的一个重点。我们没有要求受访者依照 1 ～ 7 的评分标准对每种工具进行评估，原因是这种方法通常会导致所有工具的评分相似（所有工具都被认为是重要的）。我们的设计是一种迫使人们做出选择的方式——让人们说出工具 X 比工具 Y 更重要。

我们将 MindTools.com 用户作为调查的管理者样本。由于整个调查问卷大概需要40分钟才能完成，所以我们把它分成3组问题。有些人收到1组问题，其他人收到其他2组问题。我们总共调查了大约85万人，收到15 242份回复。表 A.1 是对调查对象的国籍、年龄、经历和性别的大致分类。

表A.1　调查对象

总调查人数	15 242人
性别划分	女性 57%
	男性 43%
年龄划分	＜36岁21%
	36～55岁 56%
	＞55岁22%
主要国籍	美国 32%
	英国 13%
	澳大利亚 8%
	印度 6%

对于本书的每一章，我们在最后都给出了一份工具的排名，你可以通过下面的链接查看这些排名。70% 的得分表示在所有回复调查的人当中有 70% 的人将那种工具选为他们心目中最重要的前 5 种工具。一般来说，我们在书中选择了每个类别中的前 5 ～ 6 种工具进行描述。但有两种情况，我们是根据自己的判断，将某种特殊的工具排在其他工具的前面，因为我们认为这种工具十分重要。例如，敏捷项目管理近年来蓬勃发展，我们认为有必要将它包括在本书中，尽管许多调查对象并没有将其列入他们的前 5 种工具。同时，我们还将变革型领导的关键思想加入书中，尽管它并未纳入此次调查。

查看"管理者的思维工具"调查的结果，了解 18 个管理领域中的哪些工具和概念入选本书，哪些没有入选本书：http：//mnd.tools/A1

参 考 文 献

在本书的编写过程中，我们参考了 MindTools.com 上面的许多文章。在每种工具的最后均列出了这些文章的链接，在此不再重复。

[1] Ale, B. and Slater, D. (2012). Risk matrix basics. http://riskarticles.com/wp-content/uploads/2012/09/Risk-Matrices-The-Basics-David-Slater.pdf (accessed 18 August 2017).

[2] Allen, J., Dunn, A., Scott, C. et al. (2015). Implementing after-action review systems in organizations. In: *Cambridge Handbook of Meeting Science* (eds. J.A. Allen, N. Lehmann-Willenbrock, and S.G. Rogelberg). Cambridge University Press.

[3] Anderson, K. (2009). Ethnographic research: A key to strategy. *Harvard Business Review*, March 2009.

[4] Aven, T., Andersen, H.B., Cox, T. et al. (2015). Risk analysis foundations. *Society of Risk Analysis*. http://www.sra.org/sites/default/files/pdf/FoundationsMay7-2015-sent-x.pdf (accessed 31 December 2017).

[5] Bandura, A. (1971). *Social Learning Theory*. General Learning Press.

[6] Bandura, A. (1992). Exercise of personal agency through the self-efficacy mechanism. In: *Self-Efficacy: Thought Control of Action* (ed. R. Schwarzer). Routledge/Taylor & Francis Group.

[7] Bartos, O.J. (1995). Modelling distributive and integrative negotiations. *The Annals of the American Academy of Political and Social Science* 542(1).

[8] Bass, B.M. (1996). *A New Paradigm for Leadership: An Inquiry into Transformational Leadership*. U.S. Army Research Institute for the Behavioral and Social Sciences.

[9] Baumeister, R.F., Campbell, J.D., and Krueger, J.I. (2003). Does high self-esteem cause better performance, interpersonal success, happiness, or healthier lifestyles? *Psychology Science in the Public Interest* 4.

[10] Beck, J.S. (1995). *Cognitive Therapy: Basics and Beyond*. Guilford Press. Birkinshaw, J. (2013). *Becoming a Better Boss*. Jossey-Bass.

[11] Birkinshaw, J.M. and Cohen, J. (2013). Make time for the work that matters. *Harvard Business Review*, September 2013.

[12] Bligh, M.C. and Kohles, J.C. (2013). Do I trust you to lead the way? In: *The Wiley-Blackwell Handbook of the Psychology of Leadership, Change and Organizational Development* (eds. L.H. Skipton, R. Lewis, A.M. Freedman et al). Wiley Blackwell.

[13] Brown, T. (2008). Design thinking. *Harvard Business Review*, June 2008.

[14] Brugha, R. and Varvasovszky, Z. (2000). Stakeholder analysis: A review. *Health Policy and Planning* 15(3).

[15] Casciaro, T., Gino, F., and Kouchaki, M. (2016). Learn to love networking. *Harvard Business Review*, May 2016.

[16] Chan Kim, W. and Mauborgne, R. (1997). Value innovation: The strategic logic of high growth. *Harvard Business Review*, January–February 1997.

[17] Chan Kim, W. and Mauborgne, R. (1999). Creating new market space. *Harvard Business Review*, January–February 1999.

[18] Chao, G.T., Walz, P., and Gardner, P.D. (1992). Formal and informal mentorships: A comparison on mentoring functions and contrast with non-mentored counterparts. *Personnel Psychology* 45(3).

[19] Cherian, J. and Jacob, J. (2013). Impact of self efficacy on motivation and performance of employees. *International Journal of Business and Management* 8(14).

[20] Cohen, A.R. and Bradford, D.L. (2005). The influence model: Using reciprocity and exchange to get what you need. *Global Business and Organizational Excellence* 25(1).

[21] Cohn, M. (2017). Sprint retrospectives. https://www.mountaingoatsoftware.com/agile/scrum/meetings/sprint-retrospective (accessed 4 August 2017).

[22] Corbett, M. (2015). From law to folklore: Work stress and the Yerkes-Dodson law. *Journal of Managerial Psychology* 30.

[23] Cotman, C.W. and Berchtold, N.C. (2002). Exercise: A behavioral intervention to enhance brain health and plasticity. *Trends in Neurosciences* 25(6).

[24] Csikszentmihalyi, M. (1990). *Flow: The Psychology of Optimal Experience*. Harper and Row.

[25] Cutlip, S.M. and Center, A.H. (1952). *Effective Public Relations: Pathways to Public Favour*. Prentice Hall.

[26] DeLong, T.J. (2011). Three questions for effective feedback. *Harvard Business Review*, August 2011.

[27] Devendra, R. (2014). Key elements of the sprint retrospective. https://www.scrumalliance.org/community/articles/2014/april/key-elements-of-sprint-retrospective (accessed 4 August 2017).

[28] Diehl, M. and Stroebe, W. (1987). Productivity loss in brainstorming groups: Toward the solution of a riddle. *Journal of Personality and Social Psychology* 53(3). Dutton, J.E. (2003). *Energize Your Workplace: How to Create and Sustain High-Quality Connections at Work*. Jossey-Bass.

[29] Dweck, C. (2007). *Mindset: The New Psychology of Success*. Random House.

[30] Dweck, C. (2010). How can you change from a fixed mindset to a growth mindset? http://mindsetonline.com/changeyourmindset/firststeps/index.html (accessed 9 December 2016).

[31] Edmondson, A. (1999). Psychological safety and learning behavior in work teams. *Administrative Science Quarterly* 44 (2).

[32] Fisher, R. and Ury, W. (1981). *Getting to Yes: Negotiating Agreement Without Giving In*. Penguin Books.

[33] Fredrickson, B. (2001). The role of positive emotions in positive psychology: The broaden-and-build theory of positive emotions. *American Psychologist* 56(3).

[34] Garfinkle, J.A. (2011). *Getting Ahead: Three Steps to Take Your Career to the Next Level*. John Wiley & Sons.

[35] Gibbs, G. (1988). *Learning by Doing*. Oxford Brookes University.

[36] Goffee, R. and Jones, G. (2006). Why should anyone be led by you? *Harvard Business Review*, September–October 2006.

[37] Goldberg, L.R. (1992). The development of markers for the big-five factor structure. *Psychological Assessment* 4(1).

[38] Goleman, D. (1995). *Emotional Intelligence: Why It Can Matter More Than IQ for Character, Health and Lifelong Achievement*. Bantam Books.

[39] Goltz, S. (2014). A closer look at personas: A guide to developing the right ones. https://www.smashingmagazine.com/2014/08/a-closer-look-at-personas-part-2/ (accessed 30 July 2017).

[40] Gouillart, F. and Sturdivant, F. (1994). Spend a day in the life of your customers. *Harvard Business Review*, January–February, 1994.

[41] Greenberger, D. and Padesky, C.A. (2016). *Mind Over Mood* (2nd ed.). Guilford

Press.

[42] Gremler, D.D. and Gwinner, K.P. (2008). Rapport-building behaviors used by retail employees. *Journal of Retailing* 84(3).

[43] Grove, A.S. (1995). *High-Output Management*. Random House.

[44] Gruwez, E. (2014). *Presentation Thinking and Design: Create Better Presentations, Quicker*. Pearson UK.

[45] Hansen, M.T. and Birkinshaw, J. (2007.). The innovation value chain. *Harvard Business Review*, June 2007.

[46] Harding, S. and Long, T. (1998). *Proven Management Models*. Gower Publishing. Harter, J.K., Schmidt, F.L., and Keyes, C.L.M. (2002).Well-being in the workplace and its relationship to business outcomes: A review of the Gallup studies. http://media.gallup.com/documents/whitePaper-Well-BeingInTheWorkplace.pdf (accessed 18 June 2017).

[47] Hassani B. (2016). *Scenario Analysis in Risk Management: Theory and Practice in Finance*. Springer.

[48] Heath, C. and Heath, D. (2007). *Made to Stick: Why Some Ideas Survive and Others Die*. Random House.

[49] Heintzman, M., Leathers, D.G., Parrott, R.L. et al. (1993). Nonverbal rapport-building behaviors' effects on perceptions of a supervisor. *Management Communication Quarterly* 7(2).

[50] Heron, J. (2001). *Helping the Client: A Creative, Practical Guide*. Sage.

[51] Herzberg, F. (1968). One more time: How do you motivate employees? *Harvard Business Review*, January–February, 1968.

[52] Heyd, D. (2008). Tact: Sense, sensitivity, and virtue. *Inquiry: An Interdisciplinary Journal of Philosophy* 38(3).

[53] Hill, T. and Westbrook, R. (1997). SWOT analysis: It's time for a product recall. *Long Range Planning* 30(1).

[54] Hofstede, G., Hofstede, G.J., and Minkov, M. (2010). *Cultures and Organizations, Software of the Mind*. McGraw-Hill.

[55] Hogan, R. and Kaiser, R.B. (2005). What we know about leadership. *Review of General Psychology* 9(2).

[56] Ibarra, H. (2003). *Working Identity: Unconventional Strategies for Reinventing Your Career*. Harvard Business Review Press.

[57] Judge, T.A., Klinger, R.L., Rodell, J.B. et al. (2013). Hierarchical representations of the five-factor model of personality in predicting job performance. *Journal of Applied Psychology* 98(6).

[58] Judge, T.A., Locke, E.A., Durham, C.C. et al. (1998). Dispositional effects on job and life satisfaction: The role of core evaluations. *Journal of Applied Psychology* 83(1).

[59] Kahneman, D. (2012). *Thinking Fast and Slow*. Penguin.

[60] Kahneman, D., Lovallo, D., and Sibony, O. (2011). The big idea: Before you make that big decision ... *Harvard Business Review*, June 2011.

[61] Keeley, L., Walters, H., Pikkel, R. et al. (2013). *Ten Types of Innovation: The Discipline of Building Breakthroughs*. John Wiley &Sons.

[62] Kenett, R.S. (2008). Cause-and-effect diagrams. In: *Encyclopedia of Statistics in Quality and Reliability*. John Wiley & Sons.

[63] Kern, M., Waters, L., Adler, A. et al. (2014). Assessing employee wellbeing in schools using a multifaceted approach. *Psychology* 5:500–513.

[64] Kessler, E.H. (2013). The appreciative inquiry model. In: *Encyclopedia of Management Theory*. Sage Publications.

[65] Kim-Keung Ho, J. (2014). Formulation of a systemic PEST analysis for strategic analysis. *European Academic Research* 2(5).

[66] King, V. (2016). *The 10 keys to happier living*. Headline Publishing Group, London.

[67] Klingsieck, K.B. (2013). When good things don't come to those who wait. *European Psychologist* 18(1):24–34.

[68] Kohn, W. and Smith, M. (2011). Collaborative fixation: Effects of others' ideas on brainstorming. *Applied Cognitive Psychology* 25(3).

[69] Kolko, J. (2015). Design thinking comes of age. *Harvard Business Review*, September 2015.

[70] Kotter, J.P. (1995). Leading change: Why transformation efforts fail. *Harvard Business Review*, March–April 1995.

[71] Kübler-Ross, E. (1969). *On Death and Dying*. Macmillan.

[72] Lamm, H. and Trommsdorff, G. (1973). Group versus individual performance on tasks requiring ideational proficiency (brainstorming): A review. *European Journal of Social Psychology* 3(4).

[73] Lencioni, P.M. (2005). *Overcoming the Five Dysfunctions of a Team: A Field Guide for Leaders, Managers and Facilitators*. Jossey-Bass.

[74] Lewicki, R.J. and Hiam, A. (2010). *Mastering Business Negotiation: A Working Guide to Making Deals and Resolving Conflict*. Jossey-Bass.

[75] Locke, E.A. and Latham, G.P. (2013). *New Developments in Goal Setting and Task Performance*. Routledge.

[76] Locke, E.A. and Latham, G.P. (2016). New directions in goal setting theory. *Current*

Directions in Psychological Science 15(5).

[77] Loo, R. (2002). Journaling: A learning tool for project management training and team-building. *The Project Management Institute* 33(4).

[78] Luft, J. (1982). The Johari window: A graphic model of awareness in interpersonal relations. In: *ITL Reading Book for Human Relations Training*. NTL Institute.

[79] Lyons, S. and Kuron, L. (2014). Generational differences in the workplace: A review of the evidence and directions for future research. *Journal of Organizational Behavior* 35.

[80] Manktelow, J. (2015). ORAPAPA: A checklist for making better decisions. https://www.mindtools.com/pages/article/orapapa.htm (accessed 11 December 2016). Manktelow, J. (2015). Team-specific motivation. https://www.mindtools.com/pages/article/team-specific-motivation.htm (accessed 9 August 2017).

[81] Martin, P.D. and Pope, J. (2008). Competency-based interviewing—Has it gone too far? *Industrial and Commercial Training* 40(2).

[82] Mathieu, J.E. and Rapp, T.L. (2009). Laying the foundation for successful team performance trajectories: The roles of team charters and performance strategies. *Journal of Applied Psychology* 94(1).

[83] Meharabian, A. (1971). *Silent Messages*. Wadsworth Publishing Company.

[84] Mencl, J. and Lester, S.W. (2014). More alike than different. *Journal of Leadership and Organizational Studies* 21(3).

[85] Mendelow, A.L. (1981). Environmental scanning—The impact of the stakeholder concept. ICIS 1981 proceedings.

[86] Miller, P. and Wedell-Wedellsborg, T. (2013). The case for stealth innovation. *Harvard Business Review*, March 2013.

[87] Misner, I. (2010). *Networking Like a Pro: Turning Contacts Into Connections*. Entrepreneur Press.

[88] Moll, J. et al. (2006). Human fronto-mesolimbic networks guide decisions about charitable donation. *Proceedings of the National Academy of Sciences of the USA* 103(42).

[89] Nay, R. (2014). *The Anger Management Workbook*. Guilford Press.

[90] Osterwalder, A. and Pigneur, Y. (2010). *Business Model Generation*. Wiley.

[91] Parker, S.K. and Axtell, C.M. (2001). Seeing another viewpoint: Antecedents and outcomes of employee perspective taking. *Academy of Management Journal* 44(6).

[92] Paulus, P.B. and Brown, V.R. (2007). Toward more creative and innovative group idea generation: A cognitive-social-motivational perspective of brainstorming. *Social and Personality Psychology Compass* 1(1).

[93] Prahalad, C.K. and Hamel, G. (1990). The core competence of the corporation. *Harvard Business Review*, May–June 1990.

[94] Prince-Embury, S. (2013). Translating resilience theory for assessment and application with children, adolescents and adults. In: *Resilience in Children, Adolescents and Adults* (eds., S. Prince-Embury and D.H. Saklofske). Springer.

[95] Project Management Institute. (2017). *A Guide to the Project Management Body of Knowledge (PMBOK Guide)* (6th ed.). Philadelphia.

[96] Rawson, A., Duncan, E., and Jones, C. (2013). The truth about customer experience. *Harvard Business Review*, September 2013.

[97] Risdon, C. (2015). 10 most interesting examples of customer journey maps. http://blog.uxeria.com/en/10-most-interesting-examples-of-customer-journey-maps/ (accessed 30 July 2017).

[98] Robison, J. (2006). In praise of praising your employees. *Gallup Business Journal*. http://news.gallup.com/businessjournal/25369/praise-praising-your-employees.aspx (accessed 31 December 2017).

[99] Rooney, J.J. and Vanden Heuvel, L.N. (2004). Root cause analysis for beginners. *Quality Progress*. https://servicelink.pinnacol.com/pinnacol_docs/lp/cdrom_web/safety/management/accident_investigation/Root_Cause.pdf (accessed 31 December 2017).

[100] Rosenthal, T.L. and Zimmerman, B.J. (1978). *Social Learning and Cognition*. Academic Press.

[101] Rothblum, E.D. (1990). Fear of failure: The psychodynamic, need achievement, fear of success, and procrastination models. In: *Handbook of Social and Evaluation Anxiety* (ed. H. Leitenberg). Springer.

[102] Rozovsky, J. (2015). The five keys to a successful Google team. https://rework.withgoogle.com/blog/five-keys-to-a-successful-google-team (accessed 4 August 2017).

[103] Rubin, R. (2002). Will the real SMART goals please stand up? http://www.siop.org/tip/backissues/tipapr02/03rubin.aspx (accessed 11 December 2016).

[104] Rummler, G.A. and Brache. A.P. (1995). *Improving Performance: How to Manage the White Space on the Organization Chart*. John Wiley & Sons.

[105] Saxena, P. (2015). Johari window: An effective model for improving interpersonal communication and managerial effectiveness. *SIT Journal of Management* 5(2).

[106] Scott, C., Dunn, A.M., Williams, E.B. et al. (2015). Implementing after-action review systems in organizations—Key principles and practical considerations. In: *The Cambridge Handbook of Meeting Science*. Cambridge University Press.

[107] Schaupp, M. (2017). Why a management concept fails to support managers' work: The case of the "core competence of a corporation." *Management Learning* 48(1).

[108] Schlack, J.W. (2015). Use your customers as ethnographers. *Harvard Business Review*, August 2015.

[109] Schwartz, P. (1991). *Art of the Long View*. Profile Books.

[110] Seligman, M.E.P. (2011). *Flourish: A Visionary New Understanding of Happiness and Well-being*. Free Press.

[111] Slovic, P., Finucane, M.L., Peters, E. et al. Risk as analysis and risk as feelings: Some thoughts about affect, reason, risk and rationality. *Risk Analysis* 24.

[112] Society for Human Resource Management. (2015). How to develop a job description. https://www.shrm.org/resourcesandtools/tools-and-samples/how-to-guides/pages/developajobdescription.aspx (accessed 4 August 2017).

[113] Sommer, S., Bendoly, E., and Kavadias, S. (2015). *Search strategies in complex and ambiguous problem spaces*. Working paper.

[114] Stajkovic, A.D. and Luthans, F. (2002). Social cognitive theory and self-efficacy: Implications for motivation theory and practice. In: *Motivation and Work Behavior* (eds. L. Porter, G. Bigley, and R.M. Steers). McGraw-Hill/Irwin.

[115] Stallworth Williams, L. (2008). The mission statement: A corporate reporting tool with a past, present, and future. *Linda North Georgia College and State University Journal of Business Communication* 45(2).

[116] Tamir, D. and Mitchell, J. (2012). Disclosing information about the self is intrinsically rewarding. *Proceedings of the National Academy of Sciences* 109(21).

[117] Tedeshi, R.G. and Calhoun, L.G. (2004). *Posttraumatic Growth: Conceptual Foundation and Empirical Evidence*. Lawrence Erlbaum Associates.

[118] Tickle-Degnen, L. and Rosenthal, R. (1990). The nature of rapport and its nonverbal correlates. *Psychological Inquiry* 1(4).

[119] Tims, M. and Bakker, A.B. (2010). Job crafting: Towards a new model of individual job redesign. *SA Journal of Industrial Psychology* 36(2).

[120] Ullrich, P. and Lutgendorf, S. (2002). Journal about stressful events: Effects of cognitive processing and emotional expression. *Annals of Behavioral Medicine* 24(3).

[121] Van Eck, M. and Leenhouts, E. (2014). *The One Page Business Strategy*. FT Publishing International.

[122] Vigoda-Gadot, E. and Dryzin-Amit, Y. (2006). Organizational politics, leadership and performance in modern public worksites: A theoretical framework. In: *Handbook of Organizational Politics* (eds. E. Vigoda-Gadot and Y. Dryzin-Amit).

Edward Elgar Publishing.

[123] Walker, D.H.T., Bourne, L.M., and Shelley, A. (2008). Influence, stakeholder mapping and visualization. *Journal of Construction Management and Economics* 26(6).

[124] Weydt, A. (2010). Developing delegation skills. *The Online Journal of Issues in Nursing* 15(2).

[125] Whetten, D.A. and Cameron, K.S. (2010). *Developing Management Skills* (8th ed.). Pearson Education, Inc.

[126] Williams, J. (2009). *Coaching for Performance* (4th ed.). Nicholas Brealey Publishing. Wójcicka, D. (2011). The anatomy of an experience map. http://adaptivepath.org/ideas/the-anatomy-of-an-experience-map/ (accessed 30 July 2017).

[127] Woolley, A.W., Chabris, C.F., Pentland, A. et al. (2010). Evidence for a collective intelligence factor in the performance of human groups. *Science* 330(6004).

[128] Wrzesniewski, A. and Dutton, J.E. (2001). Crafting a job: Revisioning employees as active crafters of their work. *Academy of Management Review* 2.

[129] Yukl, G. (2012). *Leadership in Organizations* (8th ed.). Pearson Education.

[130] Zack, D. (2010). *Networking for People Who Hate Networking: A Field Guide for Introverts, the Overwhelmed, and the Underconnected.* Berrett-Koehler Publishers.

[131] Zuckerman, M., Kuhlman, D.M., Joireman, J. et al. (1993). A comparison of three structural models for personality: The big three, the big five, and the alternative five. *Journal of Personality and Social Psychology* 65(4).